SCHRIFTENREIHE
DER JURISTISCHEN
SCHULUNG

HEFT 11

Schriftenreihe der Juristischen Schulung

Geschäftsführender Herausgeber:

Dr. Hermann Weber

Rechtsanwalt in Frankfurt a. M.

C.H. BECK'SCHE VERLAGSBUCHHANDLUNG
MÜNCHEN

Berufschancen für Juristen

von

Norbert von Nieding
Regierungsdirektor in Berlin

C.H. BECK'SCHE VERLAGSBUCHHANDLUNG
MÜNCHEN 1973

Der Jurist, der nicht mehr ist, denn ein Jurist, ist ein arm Ding (*Martin Luther*).

Wissen und Gewissen machen den Juristen (Sprichwort).

Nur der ist ein guter Jurist, der mit schlechtem Gewissen Jurist ist (*Gustav Radbruch*).

ISBN 3 406 03441 1

Druck: Georg Appl, Wemding

Vorwort

Angeregt durch drei Aufsätze des Verfassers zu berufskundlichen Problemen in der Juristischen Schulung (JuS 1967, 382, 527; 1971, 109), die eine außergewöhnliche Leserresonanz hatten, haben sich Verlag, Herausgeber und Verfasser dazu entschlossen, einen umfassenden Überblick über die Berufsaussichten für Juristen vorzulegen; die hier gebotene eingehende Information soll dazu beitragen, Fehlentscheidungen während der juristischen Ausbildung und bei der Aufnahme eines juristischen Berufs zu vermeiden, um so mitzuhelfen, Verluste an Zeit, Geld und Nervenkraft nicht eintreten zu lassen. Das Buch ist daher nicht etwa nur als Hilfsmittel für den Abiturienten bei der Wahl seines Studienfachs gedacht, sondern versucht, eine umfassende Orientierungshilfe für Juristen in allen Stadien der im Durchschnitt fast ein Jahrzehnt dauernden juristischen Ausbildung zu bieten.

Der Verfasser befindet sich mit den Zielvorstellungen seines Buches in Einklang mit bisher wenigen rechtswissenschaftlichen Fakultäten und Fachbereichen deutscher Universitäten, die in Erkenntnis der mangelhaften Berufsinformation der Abiturienten und Rechtsstudenten Vorlesungen über die „Grundlagen der Rechtswissenschaft" veranstalten; so hat die Reformuniversität Bielefeld in ihrem Personal- und Vorlesungsverzeichnis für das Studienjahr 1972/73 eine Vorlesung „Grundlagen der Rechtswissenschaft I und II" aufgenommen, mit der den Studenten eine „Einführung in Studium und Berufswahl" und eine „Juristische Berufslehre" angeboten wird.

Mit dem vorliegenden Buch soll die mögliche berufliche Umwelt der Juristen transparent gemacht werden. Der junge Jurist muß wissen, daß er sich bei Beginn des Studiums zunächst nur für ein Studienfach und noch nicht für einen bestimmten Beruf entscheidet; denn nach Abschluß seiner Ausbildung stehen ihm die vielfältigsten Berufsmöglichkeiten offen, deren Chancen er selbst nutzen kann und muß.

Berlin, im Dezember 1972 *Norbert von Nieding*

Inhaltsverzeichnis

2. *Teil. Die herkömmlichen juristischen Berufsmöglichkeiten*

3. Teil. Außergewöhnliche Berufsmöglichkeiten

4. Teil. Juristen ohne Staatsprüfung

Anhang

Abkürzungsverzeichnis

aaO	am angegebenen Ort
AnwBl.	Anwaltsblatt
Art.	Artikel
BAG	Bundesarbeitsgericht
BAT	Bundesangestelltentarif
BayObLG	Bayerisches Oberstes Landesgericht
BB	Betriebsberater
BBG	Bundesbeamtengesetz
BGBl.	Bundesgesetzblatt
BFH	Bundesfinanzhof
BGH	Bundesgerichtshof
BGHZ	Entscheidungen des BGH in Zivilsachen
BND	Bundesnachrichtendienst
BNotO	Bundesnotarordnung
BRAO	Bundesrechtsanwaltsordnung
BRD	Bundesrepublik Deutschland
BRH	Bundesrechnungshof
BRRG	Beamtenrechtsrahmengesetz
BSG	Bundessozialgericht
BVerfG	Bundesverfassungsgericht
BVerfGE	Entscheidungen des BVerfG
BVerwG	Bundesverwaltungsgericht
BVerwGE	Entscheidungen des BVerwG
DDR	Deutsche Demokratische Republik
DÖV	Die öffentliche Verwaltung
DRiZ	Deutsche Richterzeitung
DVBl.	Deutsches Verwaltungsblatt
EG	Europäische Gemeinschaften
EGH	Ehrengerichtshof
FAZ	Frankfurter Allgemeine Zeitung
f.	folgend
ff.	folgende
GBl.	Gesetzblatt
GG	Grundgesetz
GMBl.	Gemeinsames Ministerialblatt
GVBl.	Gesetz- und Verordnungsblatt
JuS	Juristische Schulung
JZ	Juristenzeitung
KG	Kammergericht
KMK	Kultusminister-Konferenz
KrimLV	Laufbahn des kriminalpolizeilichen Vollzugsdienstes des Bundes

KritJ .... Kritische Justiz
KultusMBl...... Ministerialblatt des Kultusministeriums

LBG........... Landesbeamtengesetz
LVO .... Laufbahnverordnung

MDR.......... Monatsschrift für deutsches Recht

NJ .... Neue Justiz (DDR)
NJW .... Neue juristische Wochenschrift
Nr............. Nummer
Nrn. .... Nummern
NRW .... Nordrhein-Westfälisch

OLG .... Oberlandesgericht
OVG .... Oberverwaltungsgericht

S. .... Seite
SJZ .... Süddeutsche Juristenzeitung

vgl. .... vergleiche
VO .... Verordnung
VOen .... Verordnungen

z. A. .... zur Anstellung
ZRP........... Zeitschrift für Rechtspolitik

Verzeichnis abgekürzt zitierter Literatur

Beyer	Justus Beyer, Deutsches Abiturienten Taschenbuch, Walhalla und Praetoria Verlag, Regensburg 1970
Hoppe-Hutter ..	Ferdinand Hoppe-Theodor Hutter, Soll ich studieren, Konrad Triltsch Verlag, Würzburg 1968
Karl	Fritz Karl, Recht der juristischen Berufe, Wilhelm Goldmann Verlag, München 1972
Kaupen	Wolfgang Kaupen, Die Hüter von Recht und Ordnung, Verlag Luchterhand, Soziologische Texte, Band 65, Neuwied und Berlin 1969
Oehler	Dietrich Oehler, In welcher Weise empfiehlt es sich, die Ausbildung der Juristen zu reformieren? Gutachten E zum 48. Deutschen Juristentag, Verlag C.H. Beck, München 1970
Ramm	Renate Ramm, Das juristische Studium im Medienverbund, JuS – Didaktik, Band 1, Verlag C.H. Beck, München 1971
Redeker	Konrad Redeker, Bild und Selbstständnis der Juristen heute, Verlag Walter de Gruyter & Co., Berlin 1970
Richter	Walther Richter, In welcher Weise empfiehlt es sich, die Ausbildung der Juristen zu reformieren? Gutachten F zum 48. Deutschen Juristentag, Verlag C.H. Beck, München 1970
Saacke	Arnold Saacke, Der Jurist – Studium und Berufschancen, verlag moderne industrie, München 1964
Thieme	Werner Thieme, Empfiehlt es sich, das Beamtenrecht unter Berücksichtigung der Wandlungen von Staat und Gesellschaft neu zu ordnen? Gutachten D zum 48. Deutschen Juristentag, Verlag C.H. Beck, München 1970
Statistisches Jahrbuch 1971 ..	Statistisches Jahrbuch für die BRD, herausgegeben vom Statistischen Bundesamt in Wiesbaden, Ausgabe 1971, Verlag W. Kohlhammer GmbH, Stuttgart und Mainz 1971

1. Teil. Einleitung

I. Zweck des Buchs

1. Aufgabenstellung

Aufgabe des hier vorgelegten Buchs ist es, Abiturienten, Rechtsstudenten, Referendaren und Assessoren der Rechte eine Entscheidungshilfe für ihre Studien- oder Berufswahl anzubieten. Das Buch soll Informationen vermitteln, aufgrund derer sich junge Juristen auf ihre Berufsentscheidung vorbereiten und eigene Initiativen zur Lösung ihrer Berufsprobleme entwickeln können. Um in der heutigen Berufswelt der Juristen Chancen erkennen und die vorhandenen vielfältigen Berufsmöglichkeiten ausschöpfen zu können, bedarf es einer umfassenden Transparenz des Arbeitsmarkts. Das ist bei einem Studium wie dem der Rechte besonders wichtig, da es eine Begabung voraussetzt, die ein Schüler kaum an sich selbst erfahren kann, und deshalb immer auch eine Vielzahl ungeeigneter Studenten anlocken wird.[1]

a) Bundesanstalt für Arbeit

Die Bundesanstalt für Arbeit und insbesondere ihre Zentralstelle für Arbeitsvermittlung von Akademikern in Frankfurt am Main[2] bietet in Broschüren, Interviews,[3] Zeitschriften,[4] berufskundlichen Blättern und neuartigen „Systematischen Trainings- und Entscheidungsprogrammen“ (STEP) vielseitige Entscheidungshilfen. Dennoch können diese Entscheidungshilfen nicht den in diesem Buch bezweckten, zusammenfassenden Überblick der Berufsmöglichkeiten und Berufschancen für Juristen ersetzen.

b) Ziel des Buchs

Für den Studienanfänger ist es zwar interessant, sich über die Berufsaussichten zu orientieren; da diese aber ständigem Wechsel unterliegen, ist es wichtiger darzulegen, welche Vielzahl von Berufen dem Juristen offenstehen. Dabei werden gerade auch außergewöhnliche Berufsmöglichkeiten, an die der Berufsanfänger nicht

[1] *Hanau*, JZ 1965, 246 f.
[2] 6 Frankfurt 1, Feuerbachstr. 44.
[3] Z. B. „das deutsche bildungsmagazin“, Nr. 4/5 1972, 40 f.
[4] Z. B. „analysen“, Zeitschrift zur Wissenschaft- und Berufspraxis, Verlag und Redaktion in 6 Frankfurt 1, Am Dornbusch 9.

so ohne weiteres denken kann, aufgezeigt. Der Leser soll sich mit dem Wesen und dem Inhalt einer Vielzahl juristischer Berufe auseinandersetzen, um im geeigneten Moment selbstkritisch prüfen zu können, welcher juristische Beruf seiner Veranlagung und seiner Wesensart am besten entspricht. Spannungen zwischen der ursprünglichen idealisierten Vorstellung und der oft enttäuschenden harten Wirklichkeit des Berufs lassen sich auf ein erträgliches Maß zurückführen, wenn der junge Jurist aufgrund ausreichender Informationen in der Lage ist, nach dem Bestehen der beiden juristischen Staatsexamen eine seinen Fähigkeiten und seiner Berufseinstellung entsprechende Berufstätigkeit aufzunehmen.

Dieses Buch wird bewußt auf die Ausbildung der Juristen nur insoweit eingehen, als es zur Erläuterung juristischer Berufe notwendig ist. Im übrigen muß auf die schon unübersehbare Literatur[5] zu diesem Thema verwiesen werden. Einen humoristischen und sehr reizvollen Wegweiser durch die juristische Ausbildung bietet *Hans Liermann* „Also ward ich ein Juriste".[6]

2. *Zahl der in Ausbildung stehenden Juristen*

a) Statistische Angaben

Die Berufswahl ist eine der wichtigsten und schwierigsten Entscheidungen im Leben eines Menschen. Rund 350 000 im Wintersemester 1970/71 an den 54 in der Bundesrepublik Deutschland eingerichteten wissenschaftlichen Hochschulen immatrikulierte Studenten haben eine solche Vorentscheidung für ihren Beruf bereits getroffen. Die Bundesregierung will die Studentenzahl durch die Schaffung neuer Studienplätze bis zum Jahre 1975 auf 665 000 Studenten steigern, wobei davon ausgegangen wird, daß entsprechend einer Befragung aus dem Jahre 1971 fast 90% der Abiturienten studieren wollen.[7]

Die zur Zeit von den Studenten bevorzugten Studienfächer sind Geisteswissenschaften einschließlich der Lehrämter an Volks-, Real-, Sonder- und Berufsschulen (29,9%), Naturwissenschaften (13,2%), Wirtschaftswissenschaften (10,6%), *Rechtswissenschaften (10,5%)*, Technische Wissenschaften (9,8%), Medizin (9,2%), Soziologie (0,8%), Politologie (0,6%).[8] Von rund 37 000 eingeschriebenen Stu-

[5] Vgl. u. 1. Teil, III (Juristenausbildung).

[6] Verlag Otto Schmidt KG, Köln-Marienburg.

[7] Deutsche Universitätszeitung 1971, 557; Der Tagesspiegel – Berlin – v. 18. 2. 1972.

[8] Die statistischen Angaben differieren in einzelnen Veröffentlichungen; die genauesten Zahlen ergeben sich aus dem Statistischen Jahrbuch (neueste Ausgabe 1971, 82).

denten der Rechtswissenschaften bestehen nach dem Jahresdurchschnitt der letzten zwölf Jahre rund 3900 pro Jahr das Referendarexamen (erste juristische Staatsprüfung); von dieser Zahl der angehenden Referendare wiederum schließen im Jahresdurchschnitt etwa 3000 Rechtskandidaten ihre juristische Ausbildung mit dem Assessorexamen (zweite juristische Staatsprüfung) ab und drängen auf den Arbeitsmarkt.[9] Im Lande Baden-Württemberg entschieden sich im Jahre 1969 16% der Assessoren für den Justizdienst, 36% für die Rechtsanwaltschaft, 26% für die Verwaltung, 16% für die Wirtschaft und 5% für die Hochschule.[10] Etwa 690 Rechtskandidaten scheitern pro Jahr in der ersten Staatsprüfung; die Zahl der erfolglosen Kandidaten in der zweiten Staatsprüfung beläuft sich etwa auf 320 pro Jahr.

Im Jahre 1968 haben 723 Juristen, darunter 17 Frauen, den juristischen Doktorgrad erworben.[11]

b) Reifezeugnis und Eignung zum Juristen

Untersuchungen des statistischen Landesamtes Baden-Württemberg haben ergeben, daß sich verhältnismäßig viele Abiturienten mit schwachen Abiturnoten dem juristischen Studium zuwenden; rund 39% des juristischen Nachwuchses haben ein sehr schwaches Reifezeugnis.[12] Mehrere Vergleichsuntersuchungen im Saarland, in Bayern und in Nordrhein-Westfalen zeigen zusätzlich, daß hier nicht nur Lücken in der Allgemeinbildung[13] vorhanden sind, sondern eine eindeutige Relation zwischen dem herangezogenen Notendurchschnitt im Reifezeugnis, der Studiendauer und dem Prüfungsergebnis im Referendarexamen besteht. Die Verteilung der erfolgreichen und erfolglosen Prüflinge auf die Notengruppen ergibt, daß Studenten mit schlechten Leistungen in der Reifeprüfung auch in der juristischen Staatsprüfung entsprechend schwache Ergebnisse erzielen, obwohl sie im Verhältnis zu den Studenten mit besseren Abiturnoten und entsprechend guten Erfolgsergebnissen in der ersten Staatsprüfung zwei bis drei Semester länger studieren.[14]

Unabhängig davon, ob die oben angeführten Untersuchungen fast alle Fächer (also auch Musik, Sport und Kunsterziehung u. a.) oder nur solche Fächer herangezogen haben, denen für das juri-

[9] Vgl. Übersicht im Anhang I.

[10] So der Bundesjustizminister am 18. 12. 1970 vor dem Deutschen Bundestag, vgl. DRiZ 1971, 65.

[11] Statistisches Jahrbuch 1971, 84.

[12] Vgl. die Übersicht in JuS 1971, 220.

[13] Vgl. *E. Kaufmann*, JuS 1961, 13 ff.

[14] Vgl. *Wilhelm-Lutz-Eckensberger-Mainberger*, Jus 1972, 229; vgl. auch die Übersicht in Anhang VII.

stische Studium ein besonders hoher Aussagewert zukommt (z. B. Mathematik, Deutsch, Geschichte, Gemeinschaftskunde und Latein u. a.), stimmen alle vorliegenden Untersuchungsergebnisse im wesentlichen überein. Hieraus ergeben sich auf jeden Fall Folgerungen für Abiturienten mit schlechten Noten in Fächern mit hohem Aussagewert für das juristische Studium. Diesen Abiturienten muß vom juristischen Studium dringend abgeraten werden; denn ihre Chance, das Studium erfolgreich abzuschließen, ist um so geringer, als ihr Notengesamtwert oberhalb des sogenannten kritischen Werts liegt, der die erfolgreichen von den gescheiterten Rechtskandidaten trennt.[14]

Gute Leistungen in Latein und Mathematik belegen die Fähigkeit für logisches Denken, eine Begabung, die in der juristischen Ausbildung in besonders hohem Maße gefordert wird. Desgleichen belegt eine gute Note im Fach Deutsch die Fähigkeit des zukünftigen Juristen, sich in seiner Muttersprache mündlich und schriftlich in einem klaren und überzeugenden Stil und Aufbau ausdrücken zu können, eine geradezu existenzielle Voraussetzung für ein erfolgreiches juristische Studium. Schließlich deuten gute Leistungen in den Fächern Geschichte und politische Bildung (Gemeinschaftskunde) auf das für den Juristen notwendige Verständnis für rechtspolitische Zusammenhänge und soziale Fragen hin.

c) Studienverhalten der Rechtsstudenten

Interessante Aufschlüsse über das Studienverhalten und die Berufswünsche von Rechtsstudenten hat eine durchaus repräsentative Fragebogenaktion an der Universität Köln[15] gebracht, an der sich 1031 von 2695 im Wintersemester 1969/1970 in der juristischen Fakultät eingeschriebenen Studenten beteiligten. Von diesen 1031 befragten Studenten haben 605 (etwa 60%) ihr Studium sofort nach dem Abitur begonnen, 351 haben das Studium wegen ihres Wehrdienstes verspätet aufgenommen oder unterbrochen. Wehrpflichtigen Jurastudenten sei in diesem Zusammenhang der Hinweis gegeben, daß der Wehrdienst unter bestimmten Bedingungen auch beim Bundesgrenzschutz oder bei der Polizei der Länder geleistet werden kann. Der Wehrdienst beim Bundesgrenzschutz oder der Polizei ist im Hinblick auf die dort stark betonte Ausbildung in Rechtsfächern für den Rechtsstudenten fachbezogener als der Dienst bei der Bundeswehr.[16]

110 der Kölner Rechtsstudenten (rund 10%) sind durch den

[15] Vgl. *Gudian,* JuS 1970, 422 f.

[16] Hinweise erteilen das Bundesinnenministerium, 53 Bonn, Rheindorfer Str. 198, und die Innenminister (senatoren) der Bundesländer.

numerus clausus daran gehindert worden, ein eigentlich gewünschtes anderes Fach zu studieren. 119 (also ebenfalls rund 10%) haben im Durchschnitt nach etwa 1,5 Semestern das Studienfach zur Rechtswissenschaft hin gewechselt. Die durchschnittliche Studiendauer der deutschen Rechtsstudenten hat eine leicht steigende Tendenz:

1967 = 9,0 Semester
1968 = 9,1 Semester
1969 = 9,2 Semester
1970 = 9,5 Semester

Gleichzeitig steigt das Durchschnittsalter der die erste Staatsprüfung bestehenden Rechtskandidaten wie folgt:

1969 = 26 Jahre, 2 Monate
1970 = 26 Jahre, 6 Monate

In der zweiten Staatsprüfung ist das Durchschnittsalter konstanter:

1969 = 29 Jahre, 6 Monate
1970 = 29 Jahre, 5 Monate

Das Prüfungsverfahren dauerte im Jahre 1969 4,8 Monate und im Jahre 1970 5 Monate, wobei die Kandidaten im steigenden Maße ihre Hausarbeiten zurückgeben oder von den Aufsichtsarbeiten zurücktreten, ohne daß schwerwiegende Gründe – insbesondere gesundheitlicher Art – vorliegen. Zur Zeit haben die Prädikatsexamen (Examen mit einer Gesamtnote über ausreichend) steigende Tendenz, wobei die Studenten die besten Ergebnisse erzielen, die nach dem achten oder neunten Semester in das Examen gehen. Je länger studiert wird, desto schwächer werden die Prüfungsleistungen. Die Prüfungen im Jahre 1971 hatten im Verhältnis zu den Vorjahren keinen Leistungs- oder Niveauabfall. Gleichzeitig sinkt in der zweiten Staatsprüfung die Durchfallquote deutlich, während sie in der ersten Staatsprüfung immer noch weit über 10% liegt.[17]

Die oben den Bemerkungen der Justizbehörden zu den im Jahre 1970 in Nordrhein-Westfalen und in Berlin abgelegten Staatsprüfungen entnommenen Angaben[18] zeigen, daß die Berufswahl mit gründlicher Überlegung und ohne Zwang von außen getroffen werden muß. Der Staat stellt die Freiheit der Berufswahl in Artikel 12 GG unter Verfassungsschutz. Die Abiturienten haben daher das Recht, Beruf und Ausbildungsstätte frei zu wählen. Die Berufsausbildung selbst kann durch Gesetz und Rechtsverordnungen, also etwa Ausbildungs- und Prüfungsordnungen, geregelt werden.

[17] Vgl. Anhang I.
[18] DRiZ 1971, 315; *Wetzel,* Der Tagesspiegel – Berlin – v. 20. 2. 1972.

3. Berufsaussichten und Berufschancen der Juristen

a) Berufsaussichten

Die meisten Abiturienten legen sich bei Beginn ihres Studiums zu Recht die Frage nach den Aussichten des von ihnen angestrebten Berufs vor. Bei der Beurteilung von Angebot und Nachfrage in einem Beruf handelt es sich zwar um objektive, aber nur für kurze Zeiträume meßbare Tatbestände. Auf längere Sicht Prognosen zu stellen, ist sehr schwierig und oft unmöglich. Im Jahre 1967 hat die Bundesanstalt für Arbeit in Erlangen ein Institut für Arbeitsmarkt- und Berufsforschung eingerichtet, das diesen Fragen auf wissenschaftlicher Grundlage nachgehen soll. Es beschäftigt sich mit dem Wert und den Möglichkeiten von Prognosen und versucht, gesicherte statistische Unterlagen für Voraussagen wissenschaftlich zu erarbeiten.

Nach den Feststellungen der Zentralstelle für Arbeitsvermittlung in Frankfurt[19] werden zur Zeit mehr Positionen in Justiz, Verwaltung und Wirtschaft angeboten, als geeignete Bewerber vorhanden sind. Von dieser Hochkonjunktur profitieren sogar Kandidaten, die keine Prädikatsexamen erzielt haben. Erst Mitte der siebziger Jahre soll wieder mit einem größeren Überangebot an Juristen zu rechnen sein.

Auch die Bundesregierung verweist auf Expertenschätzungen, wonach für die Jahre 1980/81 im Gegensatz zu den Ingenieurwissenschaften in den Rechts-, Wirtschafts- und Sozialwissenschaften ein begrenztes Überangebot von Hochschulabsolventen vermutet wird, auch wenn der Gesamtbedarf an Hochschulabsolventen auf 1,5 Millionen Erwerbspersonen mit Hochschulbildung steigen wird.

b) Berufschancen

Von den zu prognostizierenden Berufsaussichten sind die Berufschancen des einzelnen Berufsanfängers zu unterscheiden, die wiederum überwiegend durch dessen Begabung, Fleiß und persönliche Tüchtigkeit beeinflußt werden. Beispielsweise könnten bei den heutigen Studienanfängern in den Rechtswissenschaften aufgrund schlechter werdender Berufsaussichten die Berufschancen stärker von erhöhten Anforderungen an Können, Begabung und Fleiß abhängig werden als das in den letzten zwanzig Jahren der Fall war, in denen es galt, die durch den Krieg aufgerissenen Personallücken zu schließen. Abiturienten und Studenten mit echtem Interesse für die Jurisprudenz sollten sich jedoch durch wiederholte pessi-

[19] Vgl. *Schmidt,* Die Zeit v. 2. 7. 1971, 39; *Lambert,* JuS 1971, 605 ff.

mistische Prognosen[20] weder erschrecken noch von ihrem Studienziel abbringen lassen.

In den Jahren 1948 bis 1963[21] wurde besonders häufig vor dem Rechtsstudium gewarnt, weil tatsächlich ein gewisses Überangebot an jungen Juristen bestand. Bei diesen Warnungen wurde jedoch die voraussichtliche Entwicklung dieses vielschichtigen Problems übersehen mit der Folge, daß Anfang der sechziger Jahre ein Mangel an Juristen mit Prädikatsexamen bestand. So haben sich Prophezeiungen und Warnungen häufig als unbegründet erwiesen.

Ab der Mitte der sechziger Jahre war das Verhältnis von Nachwuchs und Bedarf an Juristen ausgeglichen. *Sirp*[22] ist daher in einer eingehenden Analyse an Hand des seit dem Jahre 1960 bekannten Zahlenmaterials zu dem richtigen Ergebnis gekommen, daß vor dem Jurastudium weder gewarnt noch dafür geworben werden sollte.[23] Nach *Sirp* können unsere Abiturienten erwarten, so objektiv wie möglich über die juristischen Berufe und die Berufsaussichten der Juristen aufgeklärt zu werden, um ihnen dadurch die Berufswahl zu erleichtern. Das sei in der Vergangenheit nicht immer mit der erforderlichen Sachkunde geschehen. Die Warnungen des Deutschen Anwaltsvereins sind allerdings verständlich, wenn man bedenkt, daß die ohnehin schon überfüllte Advokatur auch diejenigen Volljuristen aufnehmen muß, die in anderen Berufen keine geeignete Beschäftigung finden können, aber einen Rechtsanspruch auf Zulassung zur Rechtsanwaltschaft haben.

4. *Studienziel und Berufserwartungen der Juristen*

a) Studienwahl und Arbeitsmarktlage

Statistische Untersuchungen haben ergeben, daß 25% aller Studenten an den Hochschulen der Bundesrepublik einmal die Studienrichtung ändern und rund 30% aller Neuimmatrikulierten ihr gewähltes Studienziel nicht erreichen. Wertvolle Begabungen, die häufig mit Idealismus an ein Studium herangegangen waren, werden durch das Nichterreichen des gesteckten Zieles zu unglücklichen und im späteren Berufsleben häufig leistungsschwachen Menschen. Für die Studienwahl darf daher nur echte Neigung und Begabung und nicht etwa das Streben nach gehobenen gesellschaftlichen Stellungen oder falsch verstandenes Sozialprestige entscheidend sein.

[20] Vgl. erneut Deutscher Anwaltsverein, DRiZ 1971, 99 f.

[21] *Coing*, SJZ 1948, 484; Deutscher Anwaltsverein, AnwBl. 1963, 17.

[22] JZ 1965, 520 ff.

[23] Vgl. auch *Wassermann*, JuS 1963, 250; *Harm*, DRiZ 1971, 211 (für Schleswig-Holstein); *Ross*, DRiZ 1971, 891.

Gerade der angehende Student der Rechtswissenschaft wird bei der Berufswahl die Nachwuchs- und Arbeitsmarktlage nicht ganz außer acht lassen dürfen; er darf aber auch nicht nur materielle Gesichtspunkte für seine Berufspläne ausschlaggebend werden lassen. Zwischen der Berufswahl, der Berufsausbildung und der Berufsaufnahme liegen bei dem Juristen heute noch immer acht bis zehn Jahre, so daß alle Voraussagen über die zu erwartenden Aussichten des gewählten Berufs mit Vorsicht aufgenommen werden müssen. Die Entwicklung der deutschen Wirtschaft und Politik sowie steigende Studentenzahlen können Veränderungen in der Nachwuchslage kurzfristig eintreten lassen.

b) Einstellung zum Beruf

Das Eingehen eines gewissen Risikos, in dem gewählten Beruf eine psychologisch und materiell befriedigende Tätigkeit zu finden, gehört zum guten Juristen, der auf die immer noch sichersten Faktoren Begabung, Können und Fleiß setzt. Dabei darf aber nicht verkannt werden, daß die positive Einstellung zum Vorgesetzten, zum Unternehmen oder zur Beschäftigungsbehörde, zur jeweils konkreten Arbeitssituation und zum Staats- und Wirtschaftssystem meist sogar noch wichtiger sind als persönliche Eigenschaften und Qualifikationen. Zu diesem Ergebnis kam ein interdisziplinär zusammengesetztes Forscherteam des sozialwissenschaftlichen Zentrums (SFZ) der Universität Erlangen-Nürnberg. In dieser Studie,[24] die zum ersten Male in der Bundesrepublik Deutschland eine Analyse über den Karriereerfolg erstellte, wird nachgewiesen, daß jene Berufsanfänger, die von Anfang an positive Einstellungen zur beruflichen Umwelt zeigten, später im Durchschnitt höher aufgestiegen waren als ihre Kollegen.

II. Jurist und Gesellschaft

1. Der Jurist in Angebot und Nachfrage

a) Derzeit kein Juristenüberschuß

Für das ständige Angebot qualifiziert ausgebildeter Juristen ergibt sich auf der Nachfrageseite ein breites Spektrum beruflicher Betätigungsmöglichkeiten. Es gilt aufzuzeigen, nach welchen Kriterien sich der Abiturient, Student, Referendar oder Assessor ein Bild von den Möglichkeiten und Chancen des von ihm zu wählenden oder gewählten Fachs „Rechtswissenschaft“ machen kann. Dabei

[24] Der Tagesspiegel – Berlin – v. 26. 11. 1972.

müssen die immer wieder gestellten Fragen nach der Breite der Berufsmöglichkeiten für Juristen, nach Aufstiegs- und Übergangsmöglichkeiten, nach der Opportunität von Fächerkombinationen, zum Beispiel mit den Wirtschafts-, Sozial- oder Sprachwissenschaften, und nach der Verteilung der erfolgreichen Absolventen der juristischen Ausbildung auf die Zweige möglicher Berufstätigkeiten beantwortet werden.

Steigende Zahlen von Jurastudenten und von mit Erfolg geprüften Rechtskandidaten lassen in der Fachöffentlichkeit immer wieder die Befürchtung aufkommen, es würden zu viele Volljuristen „produziert", denen auf Dauer keine ihrer langen und aufwendigen Ausbildung gemäße Arbeitsplätze geboten werden könnten. Man warnt vor einem „Juristenproletariat", obwohl es für die Bundesrepublik weder ein solches „Fachproletariat" noch negative Prognosen über den zukünftigen Bedarf an Juristen gibt. Im Gegenteil ist trotz vieler Versuche bisher eine zuverlässige Methode der langfristigen Prognose zukünftiger Entwicklungen auf dem akademischen und damit auch juristischen Arbeitsmarkt nicht gefunden worden.

Wie oben[25] bereits ausgeführt, warnt der Deutsche Anwaltsverein immer wieder in Presseverlautbarungen vor den Gefahren eines angeblich stark anwachsenden Juristenüberschusses. So soll sich nach den bisherigen Erfahrungssätzen die Zahl der erfolgreich geprüften Juristen in den nächsten zehn Jahren verdoppeln, wobei die geplante Verkürzung der Ausbildungsdauer und das sich in mehreren Bundesländern deutlich abzeichnende Sinken der Durchfallsquote noch nicht einmal berücksichtigt seien.[26] Dem stünden ein um 21% verminderter Bedarf an Juristen in Justiz und Verwaltung gegenüber, was durch einen nur geringfügig steigenden Bedarf der Rechtsanwaltschaft nicht ausgeglichen wreden könne. Angesichts des schwindenden Juristenmonopols in Wirtschaft und Verwaltung erscheine es ausgeschlossen, daß die Wirtschaft des Jahres 1980 einen derartig hohen Überschuß an Assessoren ihrer Vorbildung entsprechend werde beschäftigen können.

b) Mobilität der Juristen

Ähnliche Rufe haben sich in der Vergangenheit zwar nicht als stichhaltig erwiesen; sie sollten den Abiturienten aber dennoch Anlaß genug sein, sich vor der Aufnahme eines Studiums über die Aussichten in den von ihnen angestrebten Berufen zu informieren; eine solche Information kann jedoch weder eine bindende Garantie

[25] Vgl. 1. Teil, I 3 b (Berufschancen).
[26] Vgl. Anhang VI (aus AnwBl. 1970, 128).

für einen späteren angemessenen Arbeitsplatz sein, noch darf eine möglicherweise negative Orientierungshilfe einen an der Jurisprudenz ernsthaft interessierten Studienanfänger davon abhalten, das Studium der Rechte aufzunehmen; schon innerhalb von fünf bis zehn Jahren kann sich die Arbeitsmarktlage zum Negativen oder Positiven beträchtlich ändern.

Der Gefahr, mit der Ausbildung zum Juristen eine falsche Berufswahl getroffen zu haben, wirkt entgegen, daß das juristische Studium nicht nur der möglichst umfassenden Vorbereitung auf den Beruf des Rechtsanwalts, Richters, Verwaltungs- oder Wirtschaftsjuristen zu dienen hat. Das bisherige (und auch ein möglicherweise aus den derzeitigen Reformbestrebungen hervorgehendes reformiertes) Studium der Rechtswissenschaften wird vielmehr in erster Linie als allgemeinbildendes, nicht als im engeren Sinne berufsqualifizierendes Studium verstanden: Ziel der Ausbildung zum Volljuristen ist nicht der Erwerb spezifischer Berufsfähigkeiten, sondern die Entwicklung einer allgemeinen Berufsfähigkeit, die jenes Maß an Mobilität und Problembewußtsein gewährleistet, das der Jurist für eine produktive Auseinandersetzung mit den Problemen seiner späteren beruflichen Arbeit braucht. Der Abschluß der Ausbildung wird daher auch bei einer einstufigen Juristenausbildung[27] folgerichtig die „Assessor"-Prüfung bleiben, die dem erfolgreichen Absolventen ein möglichst breites Berufsspektrum eröffnet.

c) Breit angelegte Juristenausbildung

Die derzeitige juristische Ausbildung legt den Rechtskandidaten ganz bewußt nicht auf den Beruf etwa des Straf-, Verwaltungs-, Zivil- oder Steuerjuristen fest, weil sie ihn unter allen Umständen von einer zu frühen Einengung eines beruflichen Entscheidungsspielraums bewahren will. Die Entscheidung über die konkrete Berufswahl läßt sich jedoch nicht weiter als bis zum Assessorexamen hinausschieben. Zur Erleichterung der Berufsaufnahme muß eine möglichst hohe Transparenz des Arbeitsmarkts für Juristen mit erster und zweiter Staatsprüfung angestrebt werden. Je durchsichtiger Angebot und Nachfrage für alle an der Berufsaufnahme der Juristen Beteiligten sind, desto eher findet der erfolgreich geprüfte Rechtskandidat einen seinen persönlichen Neigungen und Fähigkeiten wenigstens annähernd entsprechenden Arbeitsplatz. Immerhin gehört der Beruf des Juristen zu einem Bereich, für den der Bedarf an erfolgreichen Ausbildungsabsolventen zwar nicht für weite, jedoch für nahe Zeiträume noch überschaubar ist; hierauf

[27] Vgl. § 5 b des Deutschen Richtergesetzes in der Fassung v. 10. 9. 1971 (BGBl. 1971 I, 1557 ff.) und u. 1. Teil, III 2 (zwei- und einphasige Juristenausbildung).

können Studien- und Berufsberatungen aufbauen. Informationen über die derzeitigen und künftigen Berufsaussichten[28] werden von der überwiegenden Zahl der betroffenen Nachwuchsjuristen regelmäßig mit größtem Interesse aufgenommen. Solche Darstellungen steuern somit durchaus Angebot und Nachfrage auf dem juristischen Arbeitsmarkt, ohne die Kompetenz der hierfür ausschließlich zuständigen Arbeitsbehörden zu berühren.

2. *Das Ansehen der Juristen*

a) Der Jurist in der Literatur

Das Urteil der Umwelt über den Juristen ist niemals allzu günstig gewesen. Schon in der Literaturgeschichte ist das Bild der Juristen oft in recht negativen Strichen gezeichnet worden. Juristen, die durch Engstirnigkeit, Hochmut, Arroganz, Lebensfremdheit und Bestechlichkeit charakterisiert sind, überwiegen gegenüber Juristen, die als weise, unbestechlich und beherrscht dargestellt werden. Die Schelte geht von *Aristophanes*' „Wespen" über *Kleists* „Zerbrochenen Krug" bis zu *Brechts* „Turandot". Gegen diese Juristendarstellungen und auch gegen die Behauptung, den Juristen sei jedes Künstlerische und Feinsinnige fern, spricht aber schon die Zahl der hervorragenden Schriftsteller, Dichter und Komponisten unter den Juristen, die teilweise trotz der aus ihrem künstlerischen Ruhm gezogenen Einkommen sogar ihren juristischen Beruf weiterhin ausgeübt haben. Die Reihe der berühmten Dichterjuristen[29] geht in der Neuzeit von *Johann Wolfgang von Goethe, E. T. A. Hoffmann, Karl Leberecht Immermann, Josef von Eichendorff, Theodor Storm, Gottfried Keller, Felix Dahn, Clemens Brentano, Nikolaus Lenau* bis zu *Ludwig Thoma, Kurt Tucholsky, Alexander Spoerl, Franz-Josef Degenhardt, Henning Borchardt* und *Herbert Rosendorfer.*

Viele der obengenannten Dichterjuristen bekannten in ihren Lebenserinnerungen, daß juristischer und künstlerischer Beruf in der Regel gut miteinander harmoniert hätten. *Theodor Storm* hat es als erfreulich empfunden, aus der Welt der reinen Phantasie in die praktische Welt des Verstandes zurückzukehren und umgekehrt. Dagegen sprengten *Immermann, Grabbe* und *Scheffel* die Fesseln ihrer Ämter, um sich ganz der künstlerischen Aufgabe hingeben zu können. Aber auch die moralische Integrität der Dichterjuristen war unterschiedlich. Der Schriftsteller und Jurist *E. T. A. Hoffmann* ließ sich stets von Musik, Frauen und Alkohol faszinieren und hinterließ

[28] Vgl. *Lambert*, JuS 1971, 605 ff.; *von Nieding*, JuS 1967, 382 ff., 527 f.; 1971, 109 ff.

[29] Vgl. *Wohlhaupter*, Dichterjuristen, Verlag J. C. B. Mohr, Tübingen, 1957.

dadurch schließlich so viele Schulden, daß seine Witwe den Nachlaß ablehnen mußte. Erstaunlich ist nur, daß solche menschlichen Schwächen dem Genius verziehen werden, daß sie aber nicht dazu beitragen, den Juristen der Umwelt menschlicher erscheinen zu lassen.

b) Bild der Juristen über sich selbst

Die Juristen dürfen nicht übersehen, daß sie weniger heiterer und wohlwollender Kritik als der beißenden Ironie ausgesetzt sind. In dem im Jahre 1960 in zweiter Auflage von Hans Martin Schmidt herausgegebenen „Juristenspiegel" haben viele Persönlichkeiten, von denen ein großer Teil selbst Juristen sind, ein erfrischendes Bild der Juristen gezeichnet.[30]

c) Untersuchung des „Spiegel"

Im Jahre 1969 wurde den Juristen jedoch ein anderer „Spiegel" vorgehalten. In seiner Hochschulreihe hat die Zeitschrift „Der Spiegel"[31] unter Auswertung der Stimmen bekannter Juristen die Fähigkeit des heutigen Durchschnittsjuristen bezweifelt, die ihm durch Staat und Gesellschaft gestellten Aufgaben zu erfüllen. Einseitige soziale Herkunft, mit der sich auch die Soziologie[32] schon eingehend beschäftigt hat, unzulängliche wissenschaftliche Ausbildung, Unkenntnis der wirklichen Lebensverhältnisse und Kritiklosigkeit gegenüber dem politischen und gesellschaftlichen Hintergrund lassen nach Auffassung des „Spiegel" den heutigen Juristen als ungeeignet erscheinen, im modernen Staat Recht zu setzen, anzuwenden und zu sprechen. Auch wenn man die Berechtigung dieser harten Kritik nur zum Teil anerkennen kann, darf nicht übersehen werden, daß der „Spiegel" nur das ausspricht und hervorhebt, was in der Allgemeinheit über die Juristen gedacht wird.

d) Kritik des Juristen an seiner Umwelt

Auch die teilweise berechtigte Kritik des Juristen an seiner Umwelt trägt wenig dazu bei, eine Brücke zwischen den Juristen und ihrer beruflichen und gesellschaftlichen Umgebung zu schlagen. Seinen Grund mag das darin finden, daß sich besonders dem in der Rechtspflege tätigen Juristen die Mitmenschen meist von ihrer nega-

[30] Verlag Otto Schmidt KG, Köln-Marienburg, 1960; vgl. auch *Fromm-Oehlen*, „Juristen gezaust und gezeichnet", Marklein-Verlag, Düsseldorf, 1959; Robert *Lorenz*, DRiZ 1970, 326; *Kl. Müller*, ZRP 1969, 223 ff.

[31] H. 32/1969, 86 ff.

[32] *Dahrendorf* u. a., Monat 1962, 15 ff.; *Kaupen*, Die Hüter von Recht und Ordnung, Luchterhand Verlag 1969 (Soziologische Texte 65); *Lautmann*, ZRP 1971, 25 ff.

tiven Seite zeigen und ihn der Gefahr moralischer Überheblichkeit aussetzen. Berufserfahrungen, wie zum Beispiel mit von Kleinlichkeit geprägten Mietprozessen, mit von Haß und Bosheit erfüllten Ehescheidunsgverfahren und insbesondere mit Strafverfahren, in denen sich Schwäche und Schuld der Menschen offenbaren, verführen den Juristen dazu, einen Teil der Mitmenschen als nicht ebenbürtig anzusehen. So sind es oft die gleichen Gründe, die zur Erbitterung der Umwelt gegenüber den Juristen führen und von diesen mit entsprechenden Empfindungen erwidert werden.

Juristen sind häufig aber auch bei Kollegen mit anderer wissenschaftlicher Vorbildung oder bei den ihnen unterstellten Mitarbeitern nicht beliebt, wenn sie aufgrund ihrer vielseitigen und glücklicherweise noch nicht allzu sehr spezialisierten Ausbildung verführt werden, zu starken intellektuellen Hochmut zu zeigen. Bemerkungen wie diese, daß Wirtschaftswissenschaftler auf der Universität lediglich lernten, den Zeitpunkt zu erkennen, in dem sie einen Juristen um Rat fragen müßten, zeigen die Richtung dieser Selbsteinschätzung. Solchen Witzeleien stehen freilich ganz andere, nicht zu leugnende Tatsachen gegenüber: So hat der Jurist in der Wirtschaft seine frühere Spitzenstellung fast ganz verloren; auch die Rechtsanwaltschaft hat bei der rechtlichen Beratung der Wirtschaft gegenüber den freien wirtschaftswissenschaftlichen Berufen immer mehr Terrain eingebüßt, und der zahlenmäßige Anteil der Juristen in der Verwaltung ist nicht nur gegenüber den Berufen mit technischer Vorbildung, sondern auch gegenüber den Wirtschaftswissenschaftlern deutlich gefallen.[33]

3. Künftige Rolle des Juristen

a) Herausforderung an die Juristen

Wenn auch das Bild der Juristen in der Vergangenheit bis zur Gegenwart häufig überspitzt negativ gezeichnet worden ist, sind die Kritiker doch von einer Art Haßliebe erfüllt. Die Umwelt hat den Juristen immer als notwendig empfunden, nicht nur als notwendiges Übel, sondern mit der Erwartung, daß der Jurist einen konstruktiven Beitrag zur Entwicklung und Veränderung der Gesellschaft zu leisten hat. Kritiken sind meist Aufforderungen an die Juristen, sich den Aufgaben der Gegenwart stärker zu stellen. Der Jurist beherrscht auch heute noch neben der richterlichen Gewalt die Parlamente[34] und die Verwaltung, also alle drei den Staat prägenden Gewalten. So sieht sich der Jurist in einem Maße wie die

[33] Vgl. *Kaupen,* S. 63 ff.; *Friesenhahn,* NJW 1962, 1841.
[34] Vgl. u. 2. Teil, IV (Der Jurist als Parlamentarier).

Vertreter kaum eines anderen Berufs einer quantitativen und der qualitativen Expansion seiner Aufgaben ausgesetzt. Der Einfluß der Juristen mag im Zuge berechtigter Spezialisierung im Bereich der Wirtschaft zurückgehen; in allen anderen Bereichen weiten sich seine Aufgaben und Funktionen aus. Diese Aufgaben liegen zunehmend in der Daseinsvorsorge und sind einem Wandlungsprozeß weg von der konkreten Rechtsanwendung und hin zur gestaltenden Funktion unterworfen. Mit diesen Aufgaben können nur Juristen fertigwerden, die die mit ihnen verbundenen Probleme erkennen und für ihre Bewältigung gerüstet sind.[35] Bei der Ausbildung wird freilich immer noch nicht ausreichend berücksichtigt, daß mehr als die Hälfte aller im Berufsleben stehenden Juristen in Wirtschaft und Verwaltung nicht mit rechtsanwendenden, sondern mit planenden oder rechtsetzenden Aufgaben beschäftigt sind.[36] Die angehenden Juristen müssen daher schon in der Ausbildung die in der Praxis übliche Teamarbeit erlernen und erproben.[37]

b) Juristen nicht nur Garanten der Rechtssicherheit

Im modernen demokratischen Rechts- und Sozialstaat haben die Juristen die Aufgabe, im Rahmen der Verfassung und der geltenden Gesetze den Freiheitsraum des Mitbürgers zu gewährleisten und weiterzuentwickeln. Der Jurist kann sich aber nicht mit der Rolle eines statischen Garanten von Rechtssicherheit, Gerechtigkeit und Freiheit begnügen, sondern er muß sich dynamisch auf die Aufgaben einer sich fortwährend entwickelnden Gesellschaft einstellen[38]: Die Richter werden zunehmend neben dem Soll auch das Ist, d. h. die Rechtswirklichkeit, zu berücksichtigen haben, und die Verwaltungsjuristen werden noch mehr als bisher versuchen müssen, künftige Entwicklungen vorauszusehen und zu beeinflussen. Die in der Anwaltschaft und der Wirtschaft tätigen Juristen werden nur dann verlorenes Terrain zurückgewinnen, wenn sie gelernt haben, für die Lösung anstehender Probleme mehrere mit der Rechtsordnung in Einklang stehende Alternativen aufzuzeigen.[39]

c) Rechtswissenschaft als Verlegenheitsstudium

Abiturienten sollten Rechtswissenschaft nicht aus Verlegenheit studieren. Wer das juristische Studium nur ergreift, weil er sich

[35] *Redeker*, S. 8.

[36] *Noll-Schneider-Krüger*, JZ 1968, 373 ff.

[37] *Trautmann*, JuS 1971, 492.

[38] Vgl. krit. Rudolf *Wassermann;* Erziehung zum Establishment, Verlag C. F. Müller, Karlsruhe, 1969, und Besprechungen dazu von *Baumann*, NJW 1969, 2041; *Leihwert*, JZ 1970, 232.

[39] *Richter*, S. 49.

keine anderen ihm wesensgemäßen Studienmöglichkeiten vorstellen kann, vom gewünschten Fach etwa durch den numerus clausus ausgeschlossen ist oder ein nur vom Elternhaus bestimmtes Ziel verwirklichen soll, wird im juristischen Beruf nur selten innere Befriedigung und damit auch Erfolg finden, selbst wenn er die juristischen Staatsexamen erfolgreich durchgestanden hat. Weit öfter sind die oben angeführten negativen Beweggründe die tiefenpsychologische Ursache für Mißerfolge in den Staatsprüfungen.[40] Die Vielfalt juristischer Berufsmöglichkeiten läßt jedoch auch den „Juristen aus Verlegenheit", die oft das Ansehen der Juristen in der Öffentlichkeit belasten, Ausweichsmöglichkeiten. So können diese Juristen zum Beispiel im höheren Bibliotheksdienst, Archivdienst oder als Pädagoge ihre Berufswahl z. T. noch entscheidend korrigieren.

4. *Jurisprudenz als Geisteswissenschaft*

a) Wissenschaftscharakter der Jurisprudenz

Es gibt zwar kaum Autoren innerhalb und außerhalb der Rechtswissenschaft, die die Wissenschaftlichkeit der Jurisprudenz in Zweifel ziehen. Streit wird jedoch darüber geführt, ob die Jurisprudenz den Geistes- oder den Sozialwissenschaften zuzuschreiben ist.[41] Bei der eigentlichen Rechtswissenschaft, die von der Rechtssoziologie, Rechtsgeschichte und Rechtsphilosophie zu scheiden ist, geht es um das Verstehen von Rechtstexten, etwa Rechtsnormen, Gerichtsentscheidungen und Vertragsklauseln. Die Jurisprudenz greift Probleme der Gesetzgebung und der Rechtsprechung auf, nimmt kritisch zu ihnen Stellung und entwickelt Alternativlösungen, die dann wieder in Gesetzgebung und Rechtsprechung eingehen. Diese Rechtsverwirklichung bedeutet, daß die den Rechtsnormen zugrunde liegenden Wertvorstellungen in einem rational kontrollierbaren Denkverfahren planmäßig und methodisch nachvollzogen werden, um bestimmte Erkenntnisse zu erzielen. Dieses Vorgehen gehört zu den Wesensmerkmalen wissenschaftlicher Arbeit, so daß man der Jurisprudenz den Wissenschaftscharakter nicht absprechen kann.[42]

In einem freiheitlich demokratischen Rechtsstaat sind die zur Rechtsverwirklichung berufenen Richter, Verwaltungsbeamten und sonstigen Amtsträger beim Vollzug der Gesetze, d. h. bei der Auslegung und der Fortbildung des Rechts, an die vom Gesetzgeber

[40] Vgl. *Michaelis*, NJW 1967, 1884.

[41] *Rasehorn-Ostermeyer-Huhn-Hasse*, „Im Namen des Volkes", Verlag Luchterhand, Neuwied 1968, S. 69 ff.

[42] Vgl. *Larenz*, JuS 1971, 452; *Dreier*, Rechtstheorie 1971, 37 ff.

erkennbar getroffenen Wertvorstellungen unabhängig von ihrer persönlichen Wertung gebunden; bei einer gegenteiligen Ansicht wäre ein einheitlicher und rechtsgleicher Vollzug der Rechtsnormen nicht möglich. In diesem Sinne ist die Jurisprudenz auch nach der modernen Wissenschaftstheorie eine Wissenschaft, die allerdings Offenheit der Auseinandersetzung und Freiheit von politischem Druck voraussetzt.[43]

b) Rechtswissenschaft gehört nicht zu den Sozialwissenschaften

Wer den politisch bewußten, intellektuellen und fachmännischen Rechtskenner als Leitbild des Juristen ansieht, neigt dazu, die Rechtswissenschaft nicht als Geistes-, sondern als Sozialwissenschaft anzusehen.[44] Es ist sicherlich richtig, daß die Rechtswissenschaft es nicht nur mit Rechtsnormen, sondern auch mit Erscheinungsformen des sozialen Daseins zu tun hat. Vertragsschlüsse, Rechtsbrüche, gesellschaftliche und familiäre Zusammenschlüsse sind Lebensvorgänge, die sich im sozialen Zusammenleben der Bürger abspielen. Die Jurisprudenz befaßt sich mit den Formen des Wirtschaftsverkehrs und erfaßt sie unter den spezifischen Gesichtspunkten des Rechts. Dabei ist es zum Beispiel Aufgabe der Soziologen, die Allgemeinen Geschäftsbedingungen großer Unternehmenszusammenschlüsse als Instrumente der Ausübung wirtschaftlicher Macht zu analysieren; sie müssen als Erfahrungswissenschaftler feststellen, was *ist.* Zu sagen, was *sein soll,* ist alleinige Aufgabe der Juristen, die zum Beispiel die Bedrohung echter Vertragsfreiheit durch rechtliche Kontrolle vom Boden der geltenden Rechtsordnung und ihrer Wertmaßstäbe aus zu beschränken haben.[45]

Der rechtsetzende und rechtanwendende Jurist muß allerdings die tatsächlichen Lebensvorgänge in ihrer sozialen Bedeutung erkennen, und er muß auch die gesellschaftlichen Mechanismen, in die er mit einer Entscheidung eingreift, sehen lernen. Hierfür muß er sich von den Sozial- und Wirtschaftswissenschaften das erforderliche Erfahrungswissen vermitteln lassen. Rückblick auf den der Norm zugrunde liegenden Zweck und Vorausblick auf die zu erwartenden Auswirkungen einer Entscheidung wurden in der teleologischen Gesetzesauslegung schon immer von den Juristen verlangt. Das gleiche gilt für den bei der Gesetzgebung mitwirkenden Juristen.

Die Aufnahme des Erfahrungswissens der Politologen, Soziologen, Wirtschaftswissenschaftler und Psychologen bei der Interpretation und Fortentwicklung der Rechtsnormen macht die Juris-

[43] Vgl. *André,* JZ 1970, 396 ff.
[44] Vgl. *Lenk,* KritJ 1970, 273 ff.
[45] *Lenk,* KritJ 1970, 273 ff.

prudenz weder zur Sozial- noch gar zur Naturwissenschaft. Die Aufgabe der Rechtsverwirklichung kann die Jurisprudenz keiner anderen Wissenschaft überlassen; sie muß zur Lösung von Rechtsproblemen eigene Methoden entwickeln, dic sie nicht den Methoden anderer Wissenschaften entlehnen kann.[46] Die Jurisprudenz ist daher den Geisteswissenschaften zuzuzählen.[47] Das schließt jedoch nicht aus, daß die Probleme der Zusammenarbeit zwischen Juristen und Wirtschafts- und Sozialwissenschaftlern durchaus positiv gelöst werden können.[48]

c) Hilfswissenschaften der Jurisprudenz

Der Jurist muß aber auch lernen, die Hilfen, die ihm andere Wissenschaften anbieten, anzunehmen. Die Tatsache, daß es daran vielfach fehlt und die Ausbildung des Juristen auf diesen Gebieten verstärkt werden muß, hat ein umfängliches Schrifttum zu den Problemen der Zusammenarbeit zwischen Juristen und anderen Wissenschaftlern geradezu provoziert.[49] Bereits die Juristentagung 1967 in der Evangelischen Akademie Loccum[50] hat auf die Bedeutung der Forschungsfächer Psychologie, Soziologie, Politologie, Verwaltungswissenschaft und Kriminalistik für das juristische Studium hingewiesen. Die Verbindung von Hilfswissenschaften und Rechtswissenschaft läßt sich auch bei der integrierten Einphasenausbildung realisieren. Diese Zusammenarbeit in Ausbildung und Praxis kann aber die herkömmliche Rechtswissenschaft als Geisteswissenschaft und ihre eigenen Methoden nicht verdrängen.

Einphasige und zweiphasige Juristenausbildungen müssen daher Juristen heranbilden, die die Jurisprudenz als Wissenschaft – Demokratiewissenschaft – verstehen und nicht nur als „Handwerk“ betreiben.[51]

5. Leitbild des modernen Juristen

a) Bisherige Diskussion um das Leitbild

Unabhängig von der Diskussion um die Wissenschaftlichkeit der Rechtswissenschaft und um die Wege zu einer neuen Juristenausbildung hat die Debatte zur Ausbildungsreform Leitbilder des mo-

[46] *Rasehorn,* NJW 1970, 24 ff.; JZ 1970, 735 ff.
[47] A. A. z. B. *Lenk,* KritJ 1970, 273 ff.; *Kessler,* ZRP 1970, 24 ff.
[48] Vgl. *Gessner,* JZ 1971, 324 ff.; *E. Hirsch,* JZ 1970, 679 ff.
[49] Vgl. nur *Achterberg,* JZ 1970, 281 ff.; 682 ff.; *E. E. Hirsch,* JZ 1970, 679; *Dammann,* JZ 1970, 679 ff.; *Gessner,* JZ 1971, 324 ff.; *Lautmann,* ZPP 1971, 25 ff.
[50] KritJ 1970, 307 ff.
[51] *Oehler,* S. 115 f.

dernen Juristen aufgestellt. Es sind Zusammenfassungen der unterschiedlichen Forderungen, die die Gesellschaft an ihr Recht und damit auch an ihre Juristen stellt. Der juristische Fakultätentag[52] spricht vom fachlich geschulten, geistig selbständigen und seiner Verantwortung bewußten jungen Juristen. Der „Loccumer Arbeitskreis“ und verschiedene juristische Fachschaften fordern den mündigen, emanzipierten Juristen, der die Jurisprudenz als Demokratiewissenschaft begreift, der vor allem ständig ihre Bezüge zu anderen Wissenschaften wie Soziologie, Politologie, Psychologie und Wirtschaftswissenschaften „reflektiert“, statt die Rechtswissenschaft nur als Paragraphenschusterei[53] zu betreiben.

Solche Leitbilder werfen die Frage auf, ob nicht schon frühere Juristengenerationen sich den geistig selbständigen und im Urteil unabhängigen Juristen gewünscht haben. Unter den Juristen vergangener Jahrhunderte hat es immer unabhängige Wissenschaftler, gute Praktiker, aber auch unfähige Stümper und unfreie Handwerker gegeben. Indessen erkennt man heute deutlicher, daß es nicht Aufgabe der Juristen sein kann, sich auf eine bloß handwerkliche Anwendung des Rechts zu beschränken, was sie leicht der Gefahr aussetzen würde, sich in den Dienst jeder beliebigen, auch undemokratischen Autorität zu stellen. Der Jurist soll im Gegenteil am Vollzug demokratisch-legitimer Grundentscheidungen unserer modernen rechts- und sozialstaatlichen Gesellschaft mitwirken: Wenn die Juristen die Rechtswissenschaft nicht als handwerkliche, d. h. unwissenschaftliche Kunstlehre, sondern als Form der Mitarbeit in einer demokratischen, sozialkritischen Gesellschaft begreifen, werden sie auch die Probleme von Arbeitskämpfen, politischen Demonstrationen und außerparlamentarischen Oppositionen erkennen und zum Nutzen des Gemeinwohls bewältigen.

b) Thesen des 48. Deutschen Juristentages

Gehen wir daher von dem Leitbild aus, das der 48. Deutsche Juristentag wie folgt formuliert hat:[54]

> Das Ziel der Ausbildung soll ein Jurist sein, der sich in alle Spezialgebiete schnell und zuverlässig einarbeiten kann; dem dienen eine breite systematische und methodische Grundlagenausbildung und eine exemplarische Schwerpunktausbildung nach Wahl des Studenten im letzten Studienabschnitt. Die Ausbildung, die wissenschaftlichen Charakter haben muß, soll den Juristen in die Lage setzen, die Wechselwirkung zwischen Recht und Wirklichkeit zu erfassen, die sozialen Hintergründe rechtlicher Regelungen zu erkennen und zu verarbeiten.

[52] *Oehler*, S. 115.
[53] *Baumann*, KritJ 1969, 163 ff.
[54] JuS 1970, 596, 645 f. (*H. Weber*); NJW 1970, 2006 ff.

Damit ist auch der „unpolitische" Jurist nicht mehr der gegenwärtige Typ des Juristen, genauso wie es einfach unrichtig ist, daß ethische, politische, ökonomische und soziale Überlegungen den Juristen als solchen nichts angingen.[55]

c) Spezialausbildung oder umfassende Halbbildung

Das vorliegende Buch will zeigen, daß entgegen allen von Optimalvorstellungen ausgehenden Forderungen an die Qualität eines Juristen nicht verkannt werden darf, daß die moderne Industriegesellschaft auf allen Gebieten fundiert ausgebildete Spezialisten benötigt: Sie braucht jene juristischen Spezialisten, die die geltenden Normen und die Regeln ihrer Anwendung voll beherrschen. Die Rechtswissenschaft ist bereits ein Bündel von Spezialgebieten geworden, die jeweils nur von Spezialisten übersehen werden können. Trotz des Unbehagens und des Mißtrauens, das man der immer stärker werdenden Spezialisierung entgegenbringt, sollte man daher vom Juristen nicht verlangen, daß er auch die Fächer noch annähernd beherrscht, die – wie Politologie und Soziologie – ihrerseits längst Fächer für Spezialisten geworden sind. Dies würde zu Halbbildung auf mehreren Fachgebieten, einschließlich des eigenen Faches Rechtswissenschaft, führen. Fachidiotie oder umfassende Halbbildung dürfen nicht die Alternativen sein und entsprechen auch nicht der immer wieder geforderten Stoffreduzierung. Der Jurist ist daher nur soweit in die benachbarten Fachrichtungen einzuführen, daß er die wissenschaftlichen Fragestellungen der juristischen Hilfswissenschaften verstehen und ihre Ergebnisse begreifen kann, ohne die Herleitungsprozesse selbst überprüfen zu müssen oder zu können.

Damit wird der Jurist nicht zu einem Rechtstechniker, der jeder Gewaltherrschaft dienen kann. Es ist wohl selbstverständlich, daß der im freiheitlichen Rechtsstaat ausgebildete Jurist die freiheitlich demokratische Grundordnung zur Grundlage seiner Arbeit und die Bindung an die Grundrechte zur Richtschnur für sein berufliches Handeln macht. Der Jurist muß lernen, seiner Auffassung konträre Auffassungen anderer zu verstehen und nur mit den Mitteln des Rechts zu bekämpfen; er sollte aber auch seine Freiheit und sein Leben dafür einsetzen, daß seine weltanschaulichen Gegner im gleichen Maße ihre Überzeugungen auf der Grundlage unserer Verfassung vortragen und durchsetzen können. Nur so bleibt den Juristen erspart, eines Tages wiederum für den Untergang der demokratischen Grundordnung mitverantwortlich gemacht zu werden. Dies zu verhindern ist auch Ziel der im Rahmen der Ausbildungsreformen für den Juristen aufgezeigten Leitbilder.

[55] Vgl. *Schultz,* MDR 1970, 733 ff.

III. Juristenausbildung

1. Phasen der Juristenausbildung

a) Ausbildung zum Volljuristen

Ein Blick in die Stellenausschreibungen deutscher Fach-, Tages- und Wochenzeitungen zeigt neben der Vielfalt der juristischen Berufsmöglichkeiten, daß von öffentlichrechtlichen Dienstherren und privaten Arbeitgebern fast ausnahmslos „Volljuristen" gesucht werden. So haben bisher § 5 DRiG und § 13 BRRG nicht nur die Berufswahl eines Richters, Staatsanwalts, Rechtsanwalts, Notars und Beamten des höheren Dienstes stärkstens beeinflußt, sondern auch die Berufswahl derjenigen Juristen, die eine Tätigkeit in Bereichen der Wirtschaft, der Banken, der Versicherungen und der Verbände anstreben. Nur ausnahmsweise werden für bestimmte Berufe Juristen mit nur erster Staatsprüfung gesucht, dann aber nicht in leitender Stellung und mit ungünstigen Gehältern und Aufstiegschancen. Es handelt sich meist um Stellen für Sachbearbeiter bei Versicherungen oder Assistenten von Personalchefs.[56]

Nur der kann sich in Deutschland Volljurist nennen, der in der gesetzlich vorgeschriebenen Weise den Nachweis erbringt, daß er den Ausbildungsgang eines Juristen voll durchlaufen hat. Dieser Ausbildungsgang war bisher (und ist auch heute noch in aller Regel) durch die Ablegung zweier recht schwieriger Staatsprüfungen charakterisiert; der ersten Staatsprüfung (Referendarexamen) hat ein mindestens siebensemestriges wissenschaftliches Studium an einer Universität, der zweiten Staatsprüfung (Assessorexamen) ein Vorbereitungsdienst von zweieinhalb Jahren voranzugehen. Während dieses Vorbereitungsdienstes steht der Jurist als Referendar im Beamtenverhältnis (Beamter auf Widerruf). Die Befähigung zum Richteramt (§ 5 DRiG) und zum Amt des Staatsanwalts (§ 122 I DRiG), die Zulassung zur Rechtsanwaltschaft (§ 4 BRAO), die Bestellung zum Notar (§ 5 BNotO) und die Ernennung zum Beamten des höheren Dienstes in der öffentlichen Verwaltung (§§ 2, 13 III, 14 I BRRG) verlangen die erste und zweite juristische Staatsprüfung.

b) Zwei- und einphasige Juristenausbildung

Seit neuestem hat nun § 5 b DRiG i. d. F. vom 19. 4. 1972[57] die Möglichkeit eröffnet, durch Landesrecht das wissenschaftliche Studium und den praktischen Vorbereitungsdienst zu einer – der mit

[56] „Die Zeit" v. 2. 7. 1971, 39.
[57] BGBl. I 1972, 713 ff.

der ersten und zweiten Staatsprüfung endenden zweiphasigen Ausbildung gleichwertigen – einphasigen Ausbildung von mindestens $5^1/_2$ Jahren zusammenzufassen.[58] Dabei kann die erste Staatsprüfung durch eine Zwischenprüfung oder sogar nur durch ausbildungsbegleitende Leistungskontrollen ersetzt werden. Die Abschlußprüfung soll dann jedoch in ihren Anforderungen der in § 5 DRiG vorgesehenen zweiten Staatsprüfung gleichwertig sein.

Neu ist auch die Regelung, daß eine erfolgreich abgeschlossene Ausbildung für den gehobenen Justizdienst – Rechtspflegerlaufbahn – oder für den gehobenen nicht technischen Verwaltungsdienst auf Antrag bis zur Dauer von 18 Monaten auf die zweistufige und die einstufige Ausbildung angerechnet werden kann; auf die künftig nur noch zwei Jahre dauernde Referendarzeit können allerdings nur sechs solcher Monate angerechnet werden.

Unabhängig von diesen Änderungen der Volljuristenausbildung, die an den ihrer Natur nach einem besonderen Interesse des Staates unterliegenden Berufen in Justiz und Verwaltung orientiert sind, werden die privaten Arbeitgeber in Wirtschaft und Verbänden weiterhin ihre Anforderungen an den Juristen am „Volljuristen" messen. Mit dem erfolgreichen Abschluß der Ausbildung zum Volljuristen hat der deutsche Jurist die Freiheit, zwischen den verschiedensten juristischen Berufsmöglichkeiten zu wählen. Nicht schon durch seine Ausbildung, sondern erst durch die oft mehrjährige Einarbeitung in einen bestimmten juristischen Beruf wird der Volljurist mehr oder weniger zum Spezialisten. So hält es zum Beispiel das Bundesfinanzministerium für unerläßlich, die Ausbildung der Assessoren seines Geschäftsbereichs zwei Jahre lang fortzusetzen. Ähnliches gilt für eine größere Zahl der in diesem Buch angeführten juristischen Berufe. Die Gegenmeinung,[59] die mit dem Assessorexamen abschließende Referendarausbildung müsse all das enthalten, was das Berufsbild des Juristen ausmache, und eine weitere Ausbildung des Assessors ausschließen, ist nicht realistisch. Ein Blick in Stellenanzeigen weist das Erfordernis spezialisierter weiterer Aus- oder Fortbildung eindrucksvoll nach.

c) Berufsalternativen nach der ersten Staatsprüfung

Bei bestimmten Berufen kann die spezialisierte Ausbildung auch schon nach der ersten Staatsprüfung erfolgen. Der Jurist kann nach

[58] Eine solche Ausbildung wird derzeit bereits an der Universität Augsburg erprobt; vgl. DRiZ 1971, 355, und *Schneider,* JuS 1971, 550; zu Plänen für die Universität Hamburg vgl. JuS 1970, 482; *Ross,* JZ 1971, 540f.; *Stiebeler,* JZ 1970, 457; ZRP 1970, 45; für die Universität Hannover vgl. JuS 1972, 611ff.; s. ferner *Vogel,* JZ 1970, 15ff.; *Wassermann,* DRiZ 1970, 241ff.

[59] Vgl. *Maurer,* JZ 1965, 187.

der Universitätsausbildung mit ihrer Erziehung zum rechtstheoretischen Denken darauf verzichten, sich als Gerichtsreferendar in die praktische Rechtsanwendung einführen zu lassen. So haben zum Beispiel die Berufe des Diplomaten, des Bibliothekars, des Archivars und des Kriminalisten eigene Vorbereitungsdienste auch für Juristen. Hier zeigt sich die Doppelstellung des Referendarexamens als Universitätsabschluß und als Eingangsprüfung für den höheren Dienst in der staatlichen Verwaltung. Dieser ambivalente Charakter ist eine logische Folge der bisherigen Zweiphasigkeit der deutschen Juristenausbildung, nach der der erfolgreiche Abschluß des Studiums der Rechte noch kein Abschluß der Ausbildung darstellt. Der Erfolg des Rechtskandidaten in der ersten Staatsprüfung besagt nicht mehr, als daß er nun in der Lage sein soll, die an der Universität begonnene Ausbildung in einem praktischen Vorbereitungsdienst fortzusetzen.

Die Länder Nordrhein-Westfalen und Schleswig-Holstein haben nach dem Kriege als Ersatz für die frühere preußische Einrichtung des Regierungsreferendariats die Möglichkeit einer verlängerten Verwaltungsausbildung geschaffen, wobei sich diese Gabelung in der Prüfung fortsetzt. Der Erfolg dieser ebenfalls zum „Volljuristen" führenden speziellen Ausbildungsgänge ist in den beiden Bundesländern unterschiedlich.[60]

2. *Rechtsanspruch auf Ausbildung*

a) *Universitätsausbildung*

Viele Abiturienten, die in dem zunächst angestrebten Studiengang an dem für viele Fakultäten und Fachbereiche (Human-, Zahn- und Tiermedizin, Pharmazie, Psychologie, Architektur, Chemie und Biologie) eingeführten und sich laufend verschärfenden numerus clausus scheitern, wenden sich dem rechtswissenschaftlichen Studium zu. Das hat jedoch – abgesehen von einzelnen Universitäten (Hamburg), für die ein genereller Zulassungsstop besteht – noch nicht zur Notwendigkeit geführt, auch für die Rechtswissenschaft einen numerus clausus einzuführen.[60a] Eine solche einschneidende Maßnahme ist in naher Zukunft auch nicht zu erwarten. Um so notwendiger ist eine umfassende Berufsberatung der Abiturienten, wie sie in dem vorliegenden Buch angestrebt wird.

[60] Vgl. *Richter*, S. 119, und unten 3. Teil, I 5 (Allgemeine innere Verwaltung).

[160a] Vgl. Statistischer Zwischenbericht zum Zentralen Registrierverfahren für Studienbewerber zum WS 1972/73 in: Die deutsche Universitätszeitung und Hochschuldienst" 1972, Nr. 16, 2. Augustausgabe, S. 668 und *BVerfG* NJW 1972, 1561 ff. = JuS 1972, 664 ff. Nr. 1.

b) Rechtsanspruch auf Ausbildung zum Volljuristen

Der juristische Vorbereitungsdienst hat die Aufgabe, nicht nur Nachwuchskräfte für den höheren öffentlichen Dienst und die Richterlaufbahn auszubilden; vielmehr werden die Gerichtsreferendare in das Beamtenverhältnis auf Widerruf auch deshalb übernommen, weil in Deutschland der Staat für die Vorbereitung auf den von den Referendaren zum Teil angestrebten freien Beruf des Rechtsanwalts das Ausbildungsmonopol beansprucht. Daraus ergibt sich, daß der juristische Vorbereitungsdienst gesetzlich nicht beschränkt werden darf. Das BVerwG[61] hat deshalb für den juristischen Vorbereitungsdienst entschieden, daß das durch Art. 12 I GG gewährleistete Grundrecht der freien Wahl der Ausbildungsstätte eine gesetzliche Beschränkung der Zulassung zum Vorbereitungsdienst nicht gestattet; die Gesetzmäßigkeit der Zulassungsbeschränkungen richtet sich daher nicht nach Art. 33 II GG. Dies bedeutet, daß weder eine Höchstaltersgrenze aufgestellt noch festgelegt werden darf, daß nur Bewerber zugelassen werden, die eine bestimmte Mindestnote im ersten Staatsexamen erzielt oder aber ihre Staatsprüfung in dem Bundesland abgelegt haben, in dem sie ihre Referendarausbildung aufnehmen wollen.

Voraussetzung für die Berufung in das Beamtenverhältnis auf Widerruf ist jedoch, daß sich der zukünftige Referendar zur freiheitlich-demokratischen Grundordnung bekennt. Diese Frage wird immer dann akut, wenn sich Mitglieder der NPD, der DKP oder von extremen Organisationen außerhalb der Parteien um die Aufnahme in den Vorbereitungsdienst bewerben. Die bloße Zugehörigkeit zu einer solchen Partei genügt jedenfalls solange nicht für eine Ablehnung, als das BVerfG nicht auf Antrag der Bundesregierung die Partei gem. Art. 21 II GG, §§ 43 ff. BVerfGG verboten hat. Ausreichend für die Ablehnung der Aufnahme in den Beamtendienst ist aber stets ein *aktives Bekämpfen* der freiheitlich-demokratischen Grundordnung durch den Anwärter selbst.[62] Die eben angeführten strengen Grundsätze gelten allgemein für das Beamtenrecht; im Hinblick darauf, daß der Beruf des Rechtsanwalts, für den die zweite Staatsprüfung unabdingbare Voraussetzung ist, nicht zu den Berufen gehört, die von der öffentlichen Hand wahrgenommen werden, bestehen Zweifel, ob sie ohne weiteres auch auf Rechtsreferendare ausgedehnt werden dürfen. Im Ergebnis wird man aus den genannten Gründen an die Bewerber für das Rechtsreferendariat keine strengeren Anforderungen stellen dürfen als sie § 7 Nr. 6

[61] *BVerwGE* 6, 13 ff. = NJW 1958, 562 ff.

[62] Beschluß des Bundeskanzlers und der Ministerpräsidenten vom 28. 1. 1972, auszugsweise abgedr. bei *Maurer,* NJW 1972, 601.

BRAO aufstellt; nach dieser Bestimmung ist die Zulassung zur Rechtsanwaltschaft zu versagen, wenn der Bewerber die freiheitlich-demokratische Grundordnung *in strafbarer Weise* bekämpft. Die beamtenrechtliche Treuepflicht kann daher auf das Ausbildungsverhältnis eines Rechtsreferendars nicht unbeschränkt angewendet werden;[63] die eben genannte weite Auffassung kann jedoch nicht für die im folgenden Abschnitt behandelten speziellen Referendariate gelten.

c) Rechtsanspruch auf Ausbildung in spezialisierten Ausbildungsgängen

Im Gegensatz zum Rechtsreferendariat kann ein Rechtsanspruch auf Zulassung zum Vorbereitungsdienst für spezielle Laufbahnen, z. B. für die Laufbahnen des höheren Bibliotheks-, Archiv-, Bank-, Kriminal- oder diplomatischen Dienstes nicht begründet werden; deren Ausbildung erfolgt in erster Linie für bestimmte Laufbahnen des öffentlichen Dienstes. Die Körperschaften und Dienststellen, die zu einem bestimmten Beamtenberuf ausbilden, brauchen daher nur so viele Bewerber in den Vorbereitungsdienst zu übernehmen, wie sie für ihre eigenen Zwecke benötigen. Daher muß anders als bei den Rechtsreferendaren nach dem erfolgreichen Abschluß des Studiums eine zusätzliche Auswahlprüfung – meist in der Form eines Kolloquiums – bestanden werden. Da in den obengenannten Laufbahnen ein Mangel an Referendarstellen besteht, können nur in seltenen Fällen alle Bewerber eingestellt werden. Interessierte Juristen mit erster Staatsprüfung sollten sich dadurch aber nicht von einer Bewerbung für einen speziellen Ausbildungsgang[64] abschrekken lassen; denn der juristische Vorbereitungsdienst bleibt ihnen aufgrund des erwähnten Rechtsanspruchs immer offen.

Bei der öffentlichen Anhörung im Deutschen Bundestag zur Ausbildungsreform war der Einwand zu hören,[65] der Wegfall des Referendarexamens bei der einphasigen Ausbildung bedeute eine Benachteiligung derjenigen, die auf eine praktische Ausbildung zum Volljuristen Wert legen und den für manche Berufe durchaus genügenden Abschluß mit der ersten juristischen Staatsprüfung anstreben. Daran ist soviel richtig, daß Juristen, die sich für die einphasige Ausbildung entschieden haben, sich erst nach Abschluß ihrer Gesamtausbildung werden um die Aufnahme in den Vorbereitungsdienst einer speziellen Laufbahn bewerben können. Dabei wird noch die Frage der Anrechnung eines Teils der praktischen Ausbildung auf die spezielle Referendarzeit geprüft werden müssen.

[63] *Maurer*, NJW 1972, 606; *OVG Lüneburg* in „Der Tagesspiegel" v. 29. 9. 1972, S. 7.

[64] Vgl. unten 3. Teil, I 1–7.

[65] JuS, H. 5/1971, S. V.

3. Ein Hinweis für den wehrpflichtigen Studienanfänger: Grundwehrdienst im Polizeivollzugsdienst

Für wehrpflichtige Abiturienten kann es interessant sein zu wissen, daß nach § 42 Wehrpflichtgesetz anstelle des Grundwehrdienstes von 18 Monaten bei der Bundeswehr ein Vollzugsdienst bei dem Bundesgrenzschutz von 2 Jahren oder bei der Vollzugspolizei der Länder von 3 Jahren geleistet werden kann. Angehende Juristen haben hier die Chance, eine berufsbezogene Ausbildung zu erhalten. Die etwas längere Wehrdienstzeit beim Bundesgrenzschutz und bei der Polizei wird durch den Erwerb von Rechts- und Verwaltungskenntnissen und durch ein im Verhältnis zum Wehrsold weit höheres Gehalt ausgeglichen. Ein Abiturient, der zwei Jahre beim Bundesgrenzschutz oder drei Jahre bei der Polizei ausgebildet worden ist, müßte nach der Mindestsemesterzahl von zur Zeit sieben Studiensemestern in das erste Staatsexamen gehen können. Dies wird insbesondere dann der Fall sein, wenn er sich in eine oder in die Nähe einer Universitätsstadt versetzen läßt und schon während des Polizeivollzugsdienstes Kontakt mit der Universität aufnimmt. Eine Anrechnung auf den Vorbereitungsdienst zur zweiten Staatsprüfung dürfte nach § 5c des Deutschen Richtergesetzes in der Neufassung vom 19. 4. 1972[66] ebenfalls in Betracht kommen.

Sollte ein ehemaliger Vollzugsbeamter des Bundesgrenzschutzes oder der Polizei durch die erste oder zweite juristische Staatsprüfung fallen, wird er mit Sicherheit in seinem bisherigen Dienstgrad wiedereingestellt werden. Eine solche Gewißheit kann sich bei der Staatsprüfung psychologisch durchaus positiv auswirken.

4. Fehlender akademischer Grad

Die durch den Begriff „Befähigung zum Richteramt" und die damit verbundene Notwendigkeit zweier juristischer Staatsexamen geschaffene Lage benachteiligt die Juristen gegenüber den Absolventen anderer Studiengänge. Der Diplom-Kaufmann, Diplom-Volkswirt, Diplom-Ingenieur, Diplom-Politologe, Diplom-Soziologe u. a. kann nach einem in Länge und Niveau dem juristischen Studium gleichwertigen Studium eine Berufstätigkeit aufnehmen, ohne einen weiteren Vorbereitungsdienst absolvieren zu müssen; unterzieht er sich dennoch einem solchen Vorbereitungsdienst, zum Beispiel als Regierungs-[67] oder Baureferendar, erhöht er damit zusätzlich seine schon vorhandenen Berufschancen.

[66] BGBl. I, 713 ff.

[67] § 20 NRWLBG, der für den allgemeinen Verwaltungsdienst das Studium der Rechtswissenschaft, der Wirtschaftswissenschaften und der Sozialwissenschaf-

Als Mangel wird es daher für den Juristen allgemein empfunden, daß er nach dem erfolgreichen Abschluß seines Studiums keinen akademischen Grad, etwa eines Diplom-Juristen (wie z. B. in der DDR), eines Magisters der Rechte oder eines Lizentiaten der Rechte (wie z. B. in der Schweiz) erwirbt. Dies bringt berufliche Nachteile nicht nur für die Juristen mit sich, die nach der ersten Staatsprüfung sofort in der Wirtschaft eine Berufstätigkeit aufnehmen wollen; auch der Volljurist kann z. B. in der Verwaltung als Regierungsrat gegenüber den aus dem gehobenen Dienst – Inspektorenlaufbahn – immer häufiger in den höheren Dienst aufsteigenden Regierungsräten nicht kenntlich machen, daß er ein akademisch vorgebildeter Jurist ist. Bei Juristen ist es zudem nicht üblich, bis in das hohe Alter den durch das zweite Staatsexamen erworbenen Titel „Assessor“ weiterzuführen. Diplom-Ingenieure und Diplom-Bergingenieure in der freien Wirtschaft bezeichnen sich dagegen auch als Direktoren und Vorstandsmitglieder von großen Gesellschaften mit dem Titel „Bauassessor“ und „Bergassessor“, um ihre zusätzliche staatliche Ausbildung zu belegen. Diese Frage hat nicht nur einen gesellschaftlichen Hintergrund, sondern der „Assessor“ zahlt sich hier auch in höheren Gehältern aus. Schon in Stellenausschreibungen bieten Bau- und Bergwerksunternehmen den Assessoren höhere Gehälter als den Bewerbern, die lediglich das Diplom aufzuweisen haben. Die Frage des akademischen Grades für Juristen sollte daher bei der Debatte um die Ausbildungsreform auch weiterhin gestellt werden.[68] In den gleichen Zusammenhang gehört auch die immer wieder gestellte Forderung, den Universitäten die Prüfungshoheit für die den Studienabschluß bildende erste Prüfung zurückzugeben.[69]

Die DDR hat längst im Rahmen einer einphasigen wissenschaftlichen Juristenausbildung den akademischen Grad eines Diplom-Juristen eingeführt.[70]

5. *Neue Diskussion zur Juristenausbildung*

Mit der erwähnten Experimentierklausel der Einführung der Einphasenausbildung an der Universität Augsburg und entsprechenden Plänen für weitere Universitäten (Hamburg, Hannover)[71] ist die vor einigen Jahren eingeleitete Diskussion um eine moderne

ten als gleichwertig anerkennt; vgl. auch unten 3. Teil, I 5 (Allgemeine innere Verwaltung).

[68] Vgl. Südwestdeutscher Referendarverband, DRiZ 1970, 32; Deutscher Richterbund, DRiZ 1970, 204 f., 369 ff.; *Herb. Arndt,* DRiZ 1970, 260, 357 f.

[69] *Wiedemann,* JZ 1967, 121 ff.

[70] Vgl. DRiZ 1968, 431; 1971, 165 f.; *Lehmann,* JuS 1969, 195 f.

[71] Vgl. dazu *Schmieder,* JuS 1971, 550 f.

deutsche Juristenausbildung nicht beendet worden. Im Gegenteil wird die Auseinandersetzung in den juristischen Fachzeitschriften und in Monographien immer unübersehbarer, aber auch intensiver.

Die bisher eingeführten oder geplanten einstufigen Studienmodelle sind – entsprechend § 5 a DRiG n. F. – in ihren Anforderungen so angelegt, daß die Vergleichbarkeit der neuen einstufigen mit der bisherigen und weiterhin überwiegend beibehaltenen zweistufigen Juristenausbildung gewährleistet ist; auf diese Weise ist es möglich, die Vor- und Nachteile beider Ausbildungswege festzustellen. Zwischen den Landesregierungen und der Bundesregierung ist noch nicht abschließend geklärt, wie die finanzielle Gleichstellung der periodisch in praktische Ausbildungsabschnitte aufgenommenen Studenten mit den zweistufig ausgebildeten Referendaren erreicht werden kann und in welchem öffentlichrechtlichen Dienstverhältnis die Praktikanten beschäftigt werden sollen; für Augsburg hat man sich für die Zahlung von Unterhaltsbeihilfe erst nach der Zwischenprüfung entschieden.[72]

Die einstufige Ausbildung wird weiterhin positiv als das Modell der Zukunft diskutiert;[73] es gibt aber auch Stimmen, die die bisherige zweistufige Juristenausbildung in verbesserter Form beibehalten wollen.[74] Andere geben einer echten Reform der deutschen Juristenausbildung auf absehbare Zeit keine Verwirklichungschance[75] oder fordern eine inhaltliche Reform der Ausbildungsmethoden.[76] Der Rechtsausschuß des Deutschen Bundestages hat im Jahre 1971 Sachverständige mit unterschiedlichster Auffassung zu dem Problem der Juristenausbildung angehört.[77] Viele Stimmen treten für eine über den jetzigen Stand der Verwirklichung von Reformbestrebungen weit hinausgehende und radikalere Lösung der Ausbildungsprobleme ein; sie fordern zum Beispiel private Rechtsschulen oder spezialisierte Juristenausbildungen.[78]

a) Private und öffentliche Rechtsschulen

Im Schrifttum melden sich durchaus beachtenswerte Stimmen, die die Schwierigkeiten der derzeitigen Juristenausbildung durch die Gründung privater oder öffentlicher Rechtsschulen lösen wollen.[79] Die Vorschläge fanden kritische Reso-

[72] Vgl. *Reich,* JuS 1972, 485.
[73] So etwa *Oehler,* JZ 1971, 541 ff. (für das Land NRW); *Ross,* JZ 1971, 540 f.
[74] *Brückler,* DRiZ 1971, 156 f.
[75] *Rasehorn,* NJW 1970, 1166 ff.
[76] *Kessler,* ZRP 1970, 24.
[77] Vgl. DRiZ 1971, 172.
[78] *Eßer,* „Zur Sache – Reform der Juristenausbildung", S. 78 ff.
[79] *Henrichs,* NJW 1968, 287 ff.; *Oppermann,* JZ 1969, 67 ff.; *Dichgans,* JZ 1971, 565 und FAZ Nr. 40 v. 17. 2. 1971, S. 5.

nanz in mehreren Glossen[80] und Aufsätzen,[81] in denen eine Ausbildung von Juristen in speziellen Rechtsschulen negativ (so *Oppermann*) als „Hot-Pants" für Juristen, positiv als „Karlsschule" für Juristen (*Henrich*) und neutral als „Lawschools"[82] für Juristen bezeichnet wurden.

Dichgans resignierte hinsichtlich seines eigenen Vorschlags selbst, indem er darauf hinwies, daß es nach Ablehnung der von ihm durch Ergänzung des neuen § 5 d DRiG angestrebten *privaten* Rechtsschulen beim privaten Repetitor als Hauptausbildungsstätte für Studenten und Referendare bleiben müsse. Der Verfasser erinnert sich, wie ein sich der großen Zahl von Hörern kaum erwehren könnender Repetitor seine Unterrichtsstätte als hohe Schule des Rechts bezeichnete und die Rechtswissenschaftliche Fakultät der Universität überspitzt als Fachschule abqualifizierte; hinsichtlich des wohl überwiegend steuerfreien Einkommens wird dieser begabte Pädagoge und hochqualifizierte Jurist in keinem Fall mit einem Ordinarius tauschen wollen.[83] Ähnliche Verhältnisse finden sich in den meisten Städten, die Universitäten oder Referendare ausbildende Oberlandesgerichte beherbergen.

Ebenso bezeichnete *Oppermann* seinen Vorschlag, spezielle *öffentliche* Rechtsschulen einzurichten, selbst als eine „konkrete Utopie". Ein Versuch in ähnlicher Richtung ist das vom Bund und dem Land Berlin finanzierte Wissenschaftszentrum in Berlin, das in der Rechtsform einer gemeinnützigen GmbH gegründet worden ist. Erklärtes Ziel dieser „GmbH-Universität für die Manager der Zukunft"[84] ist unter anderem, das angebliche Juristenmonopol zugunsten sozialwissenschaftlich geschulter Kräfte weiter abzubauen, um die Leistungsfähigkeit der öffentlichen Verwaltung und der Wirtschaft zu erhöhen.

b) Spezialisierte Ausbildung

Bei der beruflichen Arbeit der Juristen lassen sich grob drei große Tätigkeitsbereiche unterscheiden; der in der Rechtspflege tätige Jurist, der Verwaltungsjurist und der Wirtschaftsjurist. Im Schrifttum wird dieser Dreiteilung folgend immer mehr gefordert, die Berufsbilder auch zum Maßstab für spezielle Ausbildungsgänge und Prüfungen zu machen. Die Vertreter dieser Richtung wollen nicht mehr an der Einheitsausbildung mit einem für alle juristischen Berufe qualifizierenden Abschlußexamen für „Volljuristen" festhalten. Jeder Berufszweig solle seine eigenen Anwärter selbst ausbilden, so daß sich der junge Jurist schon am Ende des mit einem Diplom abzuschließenden Studiums für spezielle Referendariate entscheiden müsse.[85] Andere[86] fordern sogar schon eine gewisse Spezialisierung

[80] *Küper,* JZ 1971, 270; *Wünsch,* JZ 1971, 438.
[81] *Medicus,* JZ 1971, 497 ff.
[82] AnwBl. 1971, 94 f.
[83] Vgl. unten 3. Teil, III 4 (Repetitor).
[84] *Niemann,* KritJ 1970, 73 ff.
[85] *Rasehorn,* NJW 1970, 24 ff.; JZ 1970, 735; ZRP 1971, 52 f.; *Herb. Arndt,* DRiZ 1970, 257 f., 260; *Brückler,* DRiZ 1970, 244 ff.; 1971, 156 f.; *Weirich,* DRiZ 1971, 20; *Weist,* DRiZ 1971, 53 f.
[86] *Noll,* JZ 1965, 567 f.; *Noll-Schneider-Krüger,* JZ 1968, 373 ff.; Möglichkeiten in dieser Richtung erhoffen die Wahlfachgruppen der 1972 erlassenen neuen Juristenausbildungsordnungen.

durch Stoffauswahl beim Studium und der Universitätsabschlußprüfung.

Diese Vorschläge, die häufig mit der Forderung nach einstufiger Ausbildung und Abschaffung der Abschlußprüfungen, die durch studienbegleitende Leistungskontrollen ersetzt werden sollen, verbunden werden,[87] wollen das Ausbildungsmonopol der Justiz, die nur etwa 20% der erfolgreichen Kandidaten als Richter und Staatsanwälte aufnimmt, brechen. Die einstufige Juristenausbildung läßt sich in den praktischen Ausbildungsstationen tatsächlich nur verkraften, wenn die Praktikanten, zum Beispiel bei der Ausbildung bei den Gerichten, auf alle Gerichtsbarkeiten verteilt werden. Aber auch bei Beibehaltung des Referendariats ließe sich die immer mehr von einem Qualitäts- zu einem Quantitätsproblem werdende Juristenausbildung nur durch die Trennung der Vorbereitungsdienste für Justiz und Verwaltung lösen, wobei Bedingungen für das spätere Überwechseln in andere juristische Zweige sichergestellt werden müssen.[88]

Auch auf das Niveau der Assessoren hat es sich nicht sehr segensreich ausgewirkt, daß die Referendare bisher überwiegend in der Justiz ausgebildet worden sind, obwohl die Justiz gar nicht in der Lage ist, genügend qualifizierte Ausbilder zur Verfügung zu stellen. Die Tatsache, daß fast alle Richter, selbst durchschnittlich qualifizierte Richter und auch unerfahrene Richter auf Probe, Referendare zur Ausbildung erhalten, ist einfach ein Unding. Das Unbehagen über die bisherige Referendarausbildung bei den Auszubildenden und den späteren Dienstherren und Arbeitgebern, insbesondere der Wirtschaft, ist mit ein Grund für den Rückgang der früher sehr starken Stellung der Juristen in Verwaltung und Wirtschaft; denn die bisher im wesentlichen von der Justiz getragene Referendarausbildung berücksichtigt nicht die Tatsache, daß mehr als die Hälfte aller im Berufsleben stehenden Juristen in Wirtschaft und Verwaltung mit planenden und rechtsetzenden Aufgaben beschäftigt werden.[89] Nur so läßt sich erklären, daß selbst angesehene Rechtslehrer, wie der Chef des Bundeskanzleramts *Ehmke,* zu dem Ergebnis kommen,[90] daß die herkömmliche Juristenausbildung keine ausreichende Vorbereitung für den öffentlichen Dienst sei. Richtig ist allerdings, worauf *Schnur*[91] in einer Erwiderung hinweist, daß *Ehmke* Mitverantwortung dafür trage, daß die Juristenausbildung im Hinblick

[87] *Rasehorn,* NJW 1970, 1166 ff.; ZRP 1971, 52 f.

[88] *Schnur,* DRiZ 1970, 201; *Wassermann,* ZRP 1970, 5 ff.; dagegen *Heyen,* AnwBl. 1971, 9 f.

[89] *Trautmann,* JuS 1971, 492.

[90] „Planen ist keine Sünde", Die Zeit 1971, Nr. 50.

[91] Leserbrief, Die Zeit 1971, Nr. 52.

auf die Belange der öffentlichen Verwaltung bis heute nicht modernisiert worden ist. Sowohl als früherer Staatssekretär im Bundesjustizministerium als auch jetzt als Bundesminister hat *Ehmke* genügend Möglichkeiten, endlich für einen anderen Gang der Dinge zu sorgen und mit den Möglichkeiten seines derzeitigen Amtes eine modernere Juristenausbildung durchzusetzen.

6. Ausbildung der Juristen in der DDR

Die DDR hat eine einphasige Juristenausbildung bereits im Jahre 1964 eingeführt. Die letzte, vor etwa drei Jahren durchgeführte Ausbildungsreform in der DDR vertieft die Einheit von Praxis und Theorie weiter, bringt aber andererseits mit einer postgradualen Assistentenzeit wieder eine Art Vorbereitungsdienst mit sich.[92] Die Ausbildung der für die Rechtspflege vorgesehenen Juristen ist nunmehr auf die Humboldt-Universität in Berlin konzentriert. Die Universitäten Leipzig, Jena und Halle sind mit der Ausbildung der Wirtschaftsjuristen betraut.

Die Juristenausbildung dauert vier Jahre, davon drei Semester Grundstudium (Marxismus-Leninismus, politische Ökonomie des Sozialismus und des Kapitalismus u. a.), vier Semester Fachstudium (Straf- und Strafprozeßrecht, Zivil- und Zivilprozeßrecht, Arbeits- und LPG-Recht, Familienrecht, Notariatsrecht, Bodenrecht, Staatsrecht, Urheber-, Patent- und Warenzeichenrecht, internationales Privatrecht, Völkerrecht u. a.), ein Semester Spezialstudium (Vertiefung des Grundstudiums) beziehungsweise ein viersemestriges Forschungsstudium (nur für die juristische Elite). Den Abschluß des Forschungsstudiums bildet die Promotion zum „Dr. jur." Die früheren beiden berufspraktischen Semester (sechstes und zehntes) entfallen und werden durch drei fünf bis sechs Wochen dauernde fachbezogene Teilpraktika ersetzt. Jeder Student hat im Jahr einen Monat Urlaub.

Im Anschluß an das zum Diplom-Juristen führende Staatsexamen wird eine bis zu zwei Jahre dauernde Assistentenzeit angeschlossen; diese Assistentenzeit gilt zwar nur für angehegende Richter, mit ihr kehrt man aber teilweise zu einer zweiphasigen Ausbildung zurück, auch wenn weiterhin nur ein Staatsexamen abzulegen ist. Die Assistentenzeit soll dazu beitragen, sozialistische Richterpersönlichkeiten zu entwickeln. Während der Assistentenzeit erhält der junge DiplomJurist 90% des Grundgehaltes eines Richters am Kreisgericht.[93]

IV. Einkommen der Juristen

1. Einkommen und Berufswahl

Die Berufswahl eines Abiturienten sollte zwar nicht allein unter dem Gesichtspunkt des zu erzielenden Einkommens getroffen wer-

[92] Vgl. *Lehmann,* JuS 1968, 341 ff.; 1969, 195; *Huhn,* Recht und Politik 1971, 66 ff.; Mitteilungen in DRiZ 1968, 431; 1971, 165 f.; *Ziemen-Tomowiak,* NJ 1971, 128 ff.

[93] *Lehmann,* JuS 1970, 481 ff.; *Seidemann-Ziemen,* NJ 1970, 629 ff., 694 ff. (guter Überblick).

den; dennoch ist die Frage nach der materiellen Grundlage eines späteren Berufslebens durchaus berechtigt. Dies um so mehr, als unabhängig von der Förderung des Studiums durch die öffentliche Hand der Student oder seine Erziehungsberechtigten erhebliche Kosten in die akademische Ausbildung investieren und der Student gleichzeitig im Verhältnis zu seinen nicht studierenden Altersgenossen einen gewissen Konsumverzicht in Kauf nimmt. Der Jurist, der dies auf sich genommen und die erforderlichen Examen bestanden hat, hat aber nicht nur die vielfältigsten Berufsmöglichkeiten, sondern auch die Chance, ein weit über dem Durchschnitt liegendes Einkommen zu erzielen.

Durchschaubar und mit konkreten Zahlen zu belegen sind die Gehälter der im *öffentlichen Dienst* als Richter, Beamte oder Angestellte tätigen Juristen. Im Anhang (III bis V) sind die Bezüge dieser Juristen in Tabellen und Übersichten ausführlich dargestellt. Dies geschah einmal, um die Breite der im öffentlichen Dienst für Juristen ausgewiesenen Berufe in einer gerafften Form stichwortartig zusammenzufassen (Anlage V); zum anderen sollte gezeigt werden, daß der öffentliche Dienst auch von der finanziellen Seite her gesehen recht attraktiv ist (Anlage III, IV). Die Forderung nach dem Prädikatsexamen als Voraussetzung für die Einstellung in den öffentlichen Dienst hat unter diesem Gesichtspunkt durchaus ihre Berechtigung.

Das durchschnittliche Einkommen der in der *Privatwirtschaft und in Verbänden* angestellten Juristen dürfte dem der im öffentlichen Dienst stehenden Juristen im Durchschnitt entsprechen, wobei sich der Unterschied in geringeren Anfangsgehältern und weit höheren Spitzengehältern ausdrückt. Das Einkommen insbesondere der in den Berufen des Rechtsanwalts, Steuerberaters und Wirtschaftsprüfers *freiberuflich* tätigen Juristen zeigt dagegen größte Spannweiten; diese reichen von Juristen, die auf die Sozialhilfe angewiesen sind, bis zu „Umsatzmillionären".

2. Besoldungs- und Vergütungsgrundlagen im öffentlichen Dienst

a) Gesetzliche und tarifliche Grundlagen

Nach den Ergebnissen der Personalstrukturenerhebung 1968 waren von 239 000 vollbeschäftigten Angehörigen des höheren öffentlichen Dienstes rund 31 000 (13%) Juristen mit zweiter Staatsprüfung und rund 5700 (2,4%) Wirtschaftswissenschaftler. Während bei den Ländern die Pädagogen (einschließlich der im Hochschulbereich tätigen Juristen) die Mehrzahl (52%) ausmachen und bei den Gemeinden die Mediziner besonders stark vertreten sind, bilden beim Bund die Juristen (29%) die stärkste Gruppe.[94]

[94] Deutscher Beamtenbund, Wandzeitung Nr. 47 v. 29. 11. 1971.

Die Besoldung der Richter und Beamten ist in den Besoldungsgesetzen des Bundes und der Länder im einzelnen festgelegt. Dabei hat das „Erste Gesetz zur Vereinheitlichung und Neuregelung des Besoldungsrechts in Bund und Ländern" vom 18. 3. 1971[95] versucht, die auseinanderstrebenden Besoldungsgrundlagen zwischen Bund und Ländern und zwischen den einzelnen Bundesländern auf einen Nenner zu bringen.

Welche Schwierigkeiten dabei zu überwinden sind, zeigt die vor dem BVerfG zwischen der Bundesregierung und dem Land Hessen ausgetragene Kontroverse über die Verfassungsmäßigkeit des „Ersten hessischen Gesetzes zur Anpassung an das Gesetz zur Vereinheitlichung und Neuregelung des Besoldungsrechts in Bund und Ländern" vom 9. 11. 1970 (GVBl. I 1970, S. 715 ff.). Eine ähnliche Auseinandersetzung hat zwischen dem Bund und dem Lande Nordrhein-Westfalen stattgefunden, da die Bundesregierung die über das Bundesrecht hinausgehenden Besoldungsverbesserungen durch Höherstufungen oder Zulagen im achten Besoldungsänderungsgesetz des Landes Nordrhein-Westfalen nicht als verfassungskonform angesehen hat.

b) Besoldung der Beamten

Die Dienstbezüge der Richter, Beamten und Hochschullehrer gliedern sich in ein Grundgehalt entsprechend den Besoldungsordnungen A, B und H (vgl. Anhang III und IV); dabei kann für Juristen das Grundgehalt im „höheren Dienst" von monatlich 1434,16 (erste Dienstaltersstufe der Besoldungsgruppe A 13) bis auf 6934,54 (Besoldungsgruppe B 11) steigen (Stand 1. 1. 1972).

Die Besoldungsgruppen der Besoldungsordnung A enthalten aufsteigende Gehälter, d. h. das Gehalt der Beamten steigert sich in der gleichen Besoldungsgruppe alle zwei Jahre bis zu einem bestimmten Endgehalt. Der Regierungsrat beginnt also zur Zeit mit einem Grundgehalt von 1434,16 DM und würde ohne Beförderung nach 28 Dienstjahren in der vierzehnten Dienstaltersstufe ein Grundgehalt von 2189,87 DM erhalten. Diese Spannweite wird im Berufsleben eines Beamten meist nicht wirksam. Einmal wird bei der Berechnung des Besoldungsdienstalters, das die jeweilige Dienstaltersstufe festlegt, unter anderem die Hälfte des Mindeststudiums und die Referendarzeit angerechnet, so daß beispielsweise ein Regierungsassessor oder Regierungsrat z. A. bereits das Grundgehalt der vierten oder fünften Dienstaltersstufe beziehen kann. Zum anderen wird die letzte Dienstaltersstufe der Besoldungsgruppe A 13 schon deshalb nicht erreicht, weil in der Zwischenzeit zumindest die Beförderung zum Oberregierungsrat aufgrund der sogenannten Regelbeförderung oder Stellenbündelung der Besoldungsgruppen A 13/14 erfolgt. Ebenso erhalten die Richter und Staatsanwälte im

[95] BGBl. 1971 I, 208 ff.

Eingangsamt von der achten bis zur zwölften Dienstaltersstufe Bezüge nach der Besoldungsgruppe A 14 (Oberregierungsrat), danach nach der Besoldungsgruppe A 15 (Regierungsdirektor).

Die Referendare erhalten als Grundgehalt 70% des Grundgehalts – –erste Dienstaltersstufe – der Besoldungsgruppe A 13 (Eingangsamt des höheren Dienstes).

Zum Grundgehalt wird ein Ortszuschlag gezahlt. Der Jurist erhält diesen Ortszuschlag nach den Tarifklassen Ib (Besoldungsgruppen A 13 bis A 16, B 1 und B 2, H 1 bis H 4) und Ia (Besoldungsgruppen B 3 bis B 11). Die Höhe des Ortszuschlages richtet sich weiter nach Ortsklassen (heute nur noch S und A) und mehreren Stufen (vom Familienstand und der Zahl unterhaltsberechtigter Kinder abhängig). Weiterhin erhält der Beamte Kinderzuschlag (unter anderem für eheliche, adoptierte und nichteheliche Kinder). Der Kinderzuschlag in Höhe von zur Zeit monatlich 50 DM kann bis zum 27. Lebensjahr des Kindes gezahlt werden, wenn es in einer seine Arbeitskraft überwiegend in Anspruch nehmenden Schul- oder Berufsausbildung steht. Bei erwerbsunfähigen Kindern wird Kindergeld ohne Rücksicht auf das Lebensalter gewährt. Weiterhin erhalten die öffentlich Bediensteten nicht unerhebliche finanzielle Beihilfen im Krankheitsfall.

c) Vergütung der Angestellten

Die Vergütung der im öffentlichen Dienst beschäftigten Angestellten richtet sich nach dem Bundesangestelltentarif (BAT). Für Juristen kommen insbesondere die Vergütungsgruppen IIa bis Ia BAT und übertarifliche Gehälter (ADO) in Betracht, wobei die Vergütungsgruppe Ib BAT der Besoldungsgruppe A 14 (Oberregierungsrat) und die Vergütungsgruppe Ia BAT der Besoldungsgruppe A 15 (Regierungsdirektor) entsprechen (vgl. Anhang II).

Die Einkommen der beamteten und der angestellten Juristen differieren nur geringfügig. Durch die Gewährung einer Zusatzrente, deren Beiträge Arbeitgeber und Arbeitnehmer gemeinsam aufbringen, kann der angestellte Jurist eine Rente erreichen, die über 75% (Endruhestandsbezüge der Beamten und Richter) der letzten Vergütung liegt. Diese Rente ist zudem steuerfrei. Bei Dienstunfällen erhalten körperbehinderte Angestellte bei Wiederaufnahme ihrer Arbeit neben der vollen Vergütung eine Unfallrente; in gleicher Lage erhält der Beamte dagegen nur sein Gehalt und eine weit geringere Zulage. Auch die Freizügigkeit der Angestellten ist größer; nach Kündigung können sie auch ohne Einverständnis des bisherigen in den Dienst eines anderen öffentlichrechtlichen Arbeitgebers treten. Der Beamte kann dagegen ohne Einverständnis des bisherigen nicht in den Dienst eines anderen Dienstherrn überwechseln (§ 123 II BRRG). Die Angestellten erhalten ebenfalls Grundvergütung, Ortszuschlag, Kinderzuschläge und Beihilfen im Krankheitsfall. Der öffentlichrechtliche Arbeitgeber trägt einen Anteil der Beiträge zur Renten- und auch zur Krankenversicherung. Nach 15 Arbeitsjahren beim gleichen Dienstherrn ist auch der Angestellte unkündbar.

Die Vorteile des Beamtenverhältnisses liegen eigentlich nur noch darin, daß sie bereits nach einer dreijährigen Probezeit im höheren Dienst zum Beamten auf Lebenszeit ernannt werden und daß ihnen im Krankheitsfall ein Jahr lang das volle Gehalt weiter gezahlt wird.

d) Einheitliches Dienstrecht im öffentlichen Dienst

Nachdem die Daseinsvorsorge in den Vordergrund der staatlichen Verwaltung getreten ist, verrichten Beamte und Angestellte häufig die gleichen Aufgaben. Diese Tatsache läßt die Unterscheidung zwischen Beamten und Angestellten im öffentlichen Dienst immer problematischer erscheinen. Die Diskussion[96] über ein einheitliches öffentliches Dienstrecht hat daher einen immer größeren Umfang angenommen, wobei sich die Fronten zwischen Beamtenbünden und Gewerkschaften sehr verhärtet haben. Am Ende der Diskussion wird wohl ein einheitliches Dienstrecht für den gesamten öffentlichen Dienst stehen. Soll jedoch der öffentliche Dienst seine Aufgaben wie bisher zuverlässig erfüllen, muß das einheitliche Dienstrecht stärker dem Beamtenrecht als dem bisher geltenden Tarifrecht entsprechen.

3. Einkommen in der Wirtschaft und in den Verbänden

Über die in der Wirtschaft, bei Verbänden und Banken gezahlten Gehälter können nicht die gleichen konkreten Angaben wie bei den im öffentlichen Dienst tätigen Juristen gemacht werden.

Die bei *öffentlichrechtlichen* juristischen Personen gezahlten Gehälter lehnen sich allerdings an das Besoldungs- und das Tarifrecht von Bund und Ländern an; dies gilt insbesondere für die Industrie- und Handels-, Handwerks-, Landwirtschafts-, Ärzte-, Notariats- und Rechtsanwaltskammern, ferner für die öffentlichrechtlichen Banken, Sparkassen und Versicherungen.

Aber auch die politischen Parteien, viele Verbände und privatrechtlich organisierte wissenschaftliche Institute – z. B. die Max-Planck-Gesellschaft – wenden den BAT an, insbesondere dann, wenn die öffentliche Hand den größeren Teil der Anteile hält und die Finanzierung sicherstellt.

[96] *Leicht,* JZ 1970, 698 ff. (krit. zum Ergebnis des 48. DJT).

Dagegen gibt es für die in der eigentlichen privaten Wirtschaft tätigen Juristen keine festen Tarife, insbesondere keine automatischen Gehaltserhöhungen bei zunehmendem Dienstalter. Anfangsgehälter und wirtschaftlicher Aufstieg sind von Fachwissen, Eigeninitiative, aber auch von Beziehungen und von der Stärke der Persönlichkeit abhängig. Ebenso beeinflussen Erscheinung und sicheres Auftreten mehr noch als im öffentlichen Dienst die Karriere in der Wirtschaft.

Oft entscheidet sich der Aufstieg im Unternehmen schon in dem Augenblick, wo der junge Jurist „nur" in eine Rechtsabteilung eintritt und nicht Gelegenheit erhält, Vorstandsassistent zu werden. Nur wenige Mitarbeiter einer Rechtsabteilung bringen es bis zu deren Leiter. Trotzdem ist dessen Einkommen immer noch weit geringer als das der Kollegen, die über den Assistenten die Position eines Vorstandsmitglieds erreicht haben.

Untere und obere Einkommensgrenze der in der Wirtschaft tätigen Juristen lassen sich ziffernmäßig nicht festlegen; sie reichen von Sozialhilfesätzen bis zu Jahresgehältern von mehreren hunderttausend Mark. Nach einer Gehaltsstrukturuntersuchung im Jahre 1970 hatten Juristen mit Geschäftsführerfunktionen in der freien Wirtschaft im Durchschnitt ein Jahreseinkommen von rund 100 000 DM einschließlich Gewinnbeteiligung, aber ohne Sozialleistungen.[97] Berücksichtigt man, daß Spitzeneinkommen von mehreren hunderttausend Mark nur wenigen Juristen in Top-Management-Positionen zufließen, sind die Einkommen in der freien Wirtschaft nicht so hoch wie im allgemeinen angenommen wird. Der durchschnittlich qualifizierte Jurist dürfte sogar, insbesondere bei Versicherungen, ein geringeres Einkommen als seine Kollegen im öffentlichen Dienst erzielen.[98] Zum gleichen Ergebnis kam auch die „Deutsche Revisions- und Treuhand AG – Treuarbeit" in einem für den Bundesinnenminister erstellten Gutachten über die Beamtenbesoldung.[99]

4. *Einkommen der freien Berufe*

Über das Einkommen der freiberuflich tätigen Juristen gibt am besten die Einkommensteuerstatistik Auskunft. Im Jahre 1970 wurden die Einkommensteuerstatistiken des Jahres 1965 veröffentlicht.[100] Dabei hat sich folgende „Rangliste" ergeben:

[97] *Lambert,* JuS 1971, 607.
[98] *Saacke,* S. 43.
[99] In „Der Tagesspiegel" v. 20. 5. 1972, S. 5; Die Zeit Nr. 21 v. 26. 5. 1972, S. 28.
[100] Vgl. AnwBl. 1970, 312 ff.

	1961	1965	1971[101]
Ärzte	42 947	62 911	90 000
Wirtschaftsprüfer/Steuerberater	39 549	53 899	70 000
Zahnärzte	28 333	49 797	80 000
Rechtsanwälte, Notare und Patentanwälte	38 112	49 715	65 000
Architekten	30 886	41 452	55 000
Sonstige Ingenieure und Techniker	34 890	40 222	48 000
Chemiker und Chemotechniker	26 050	39 419	46 000
Sonstige Wirtschaftsberater	25 138	37 911	43 000
Steuerbevollmächtigte	22 147	30 082	35 000
Tierärzte	22 217	29 964	33 000
Heilpraktiker	13 929	19 412	22 000

Die Gruppe Rechtsanwälte, Notare und Patentanwälte ergibt kein klares Bild, da das Einkommen der Nurnotare und der Patentanwälte höher liegen dürfte als das der Rechtsanwälte. Verdienste von über hunderttausend DM wurden im Jahre 1965 von 13,7% der Ärzte, 12% der Wirtschaftsprüfer und Steuerberater und 10% der Rechtsanwälte und Notare erzielt. Sie bilden also die Spitzengruppe der freien Berufe.

V. Der arbeitslose Jurist

An die bestandene zweite juristische Staatsprüfung schließt sich häufig nicht unmittelbar die gewünschte Aufnahme der Berufstätigkeit an. Während einer solchen mehr oder weniger kurzen Zeit der Arbeitslosigkeit sollte man die Bundesanstalt für Arbeit für die Stellungssuche einschalten. Die Zentralstelle für Arbeitsvermittlung in Frankfurt ist eine besondere Dienststelle der Bundesanstalt für Arbeit für überbezirkliche Aufgaben, sie ist unter anderem für die Arbeitsberatung und Arbeitsvermittlung der akademisch ausgebildeten Bewerber zuständig; dies gilt sowohl für Hochschulabsolventen als auch für berufserfahrene Arbeitssuchende.[102] Die Zentralstelle für Arbeitsvermittlung und ihre sieben Landesstellen haben aufgrund ihrer in §§ 5, 13 AFG enthaltenen Verpflichtung und Monopolstellung[103] den Arbeitsmarkt für akademische Berufe im Bundesgebiet zwar nicht ganz in der Hand, da auch private Industrieberater ähnliche Aufgaben wahrnehmen, die genannte Zentralstelle ist jedoch ein sehr geeigneter Anlaufpunkt für arbeitslose Juristen. Nach den langjährigen Erfahrungen der Zentralstelle[104] lassen sich jüngere Juristen als Berufsanfänger relativ leicht ver-

[101] Einkommensentwicklung geschätzt.
[102] Vgl. *Lambert*, JuS 1971, 605 ff.
[103] Mit Art. 12 I GG vereinbar: *BVerfGE* 21, 245 ff. = JuS 1967, 326 Nr. 2.
[104] 6 Frankfurt/Main, Feuerbachstraße 42.

mitteln, insbesondere dann, wenn sie über zusätzliche Kenntnisse, wie zum Beispiel Fremdsprachen, verfügen. Nach § 53 AFG zahlt die Arbeitsverwaltung unter anderem Zuschüsse zur Förderung der Arbeitsaufnahme, d. h. zum Beispiel Kosten für Vorstellungsreisen.

Während der Zeit der Arbeitslosigkeit erhält der unmittelbar aus der Referendarzeit ausgeschiedene Assessor *Arbeitslosenhilfe*. Voraussetzungen hierfür sind unter anderem Arbeitslosigkeit (§ 103 AFG), Bedürftigkeit sowie das Vorliegen einer mindestens zehnwöchigen entlohnten Beschäftigung im Jahr vor der Arbeitslosmeldung (§ 134 AFG), wobei die Referendarzeit einer solchen entlohnten Beschäftigung gleichsteht. Die Arbeitslosenhilfe ist eine fürsorgerische Maßnahme[105] und wird aus Haushaltsmitteln des Bundes und nicht aus Versicherungsbeiträgen geleistet. Im Rahmen der Bedürftigkeitsprüfung werden daher Vermögen und Einkommen, wenn sie bestimmte Höchstgrenzen überschreiten, berücksichtigt (§§ 1, 3, 7 ff. AFG). Die Arbeitslosenhilfe ist mit der gesetzlichen Krankenversicherung verbunden. Die Höhe der Arbeitslosenhilfe richtet sich nicht nach dem künftig erzielbaren Arbeitsentgelt – sogenannter Fiktivlohn –;[106] vielmehr ist das zuletzt gewährte Unterhaltsentgelt als Bemessungsgrundlage nach § 148 I 2 AVAVG zugrunde zu legen;[107] hierbei beträgt die Arbeitslosenhilfe etwa 550 DM monatlich.

Ein Anspruch auf das höhere *Arbeitslosengeld* besteht dagegen erst nach einer beitragspflichtigen Beschäftigung von 26 Wochen hintereinander oder sechs Monaten innerhalb von drei Jahren. Die Referendarzeit ist versicherungsfrei und daher keine beitragspflichtige Beschäftigung nach §§ 104 AFG, 172 RVO.

Von den finanziellen und moralischen Folgen der Arbeitslosigkeit sind insbesondere auch jene Juristen betroffen, die die erste oder zweite Staatsprüfung endgültig nicht bestanden haben; gerade sie sollten ihre eigenen Bemühungen bei der Stellungssuche von den Arbeitsvermittlungsbehörden unterstützen lassen.

[105] Vgl. *BVerfGE* 9, 23; *BGHZ* 44, 166 = NJW 1965, 2343.
[106] *Wilde*, JuS 1970, 367 f.
[107] *BSG*, MDR 1971, 339.

2. Teil. Die herkömmlichen juristischen Berufsmöglichkeiten

I. Der Jurist in der Rechtspflege

1. Richter

a) Stellung des Richters

Nach Artikel 92 GG ist die rechtsprechende Gewalt den Richtern anvertraut. Die Richter sind unabhängig und nur dem Gesetz unterworfen. Schon nach der Verfassung hat der Richter im Verhältnis zu anderen öffentlich Bediensteten eine stark herausgehobene Stellung.[1] Der freiheitlich demokratische Rechtsstaat braucht eine von der Regierung und der Verwaltung unabhängige Rechtspflege. Die Richter sind die Garanten des Rechts, weil sie unvoreingenommen, unabhängig von Weisungen, ohne Ansehen der Person oder Partei, nur an das Gesetz gebunden und durch die öffentliche Meinung unbeeinflußt Recht sprechen können und müssen. Die Richter genießen daher nach wie vor von allen juristischen Berufen das höchste Ansehen und eine hohe soziale Einschätzung. Zur Sicherung der in der Verfassung garantierten Unabhängigkeit sind die Richter keine Beamten, sondern für sie gelten in Anlehnung an das Beamtenrecht zusätzliche Sonderregelungen.

Das Wesen und die Rechtsstellung des Richterberufs sind im Deutschen Richtergesetz (DRiG) in der Neufassung vom 19. 4. 1972[2] umfassend geregelt; dabei steht die verfassungsmäßig gewährleistete Unabhängigkeit im Mittelpunkt (§§ 25–37 DRiG).

Die Ausbildung aller Juristen orientiert sich an den Bestimmungen des DRiG, dessen §§ 5 ff. einen bundeseinheitlichen Rahmen festlegen, der durch die Justizausbildungsordnungen der Länder konkretisiert wird. Die „Befähigung zum Richteramt" ist nicht nur Voraussetzung für die Einstellung in den Justizdienst, sondern auch für die Laufbahn des höheren Verwaltungsbeamten und für die Zulassung zur Rechtsanwaltschaft. Obwohl nur etwa 16% der Juristen in den Justizdienst gehen,[3] beeinflußt die „Befähigung zum Richteramt" als Voraussetzung des „Volljuristen" maßgeblich die Ausbildung aller Juristen.[4]

Am 1. 1. 1971 gab es in der Bundesrepublik Deutschland und ihren Bundesländern insgesamt 12954 Richter, darunter 964 Frauen.[5] In den Sympathieskalen von Meinungsumfragen stehen die

[1] Vgl. *Zeidler,* DÖV 1971, 6 ff.; *Held,* DRiZ 1972, 77 ff.; *Cl. Arndt,* DRiZ 1972, 41 ff.; *Ostermeyer,* Vorgänge 1972, 272 ff.
[2] BGBl. 1972 I, 713 ff.
[3] Vgl. DRiZ 1971, 64.
[4] 1. Teil, III 1 (Phasen der Juristenausbildung).
[5] Statistisches Jahrbuch 1971, S. 99.

Richter meist an zweiter oder dritter Stelle.[6] Das Ansehen der Richter ist jedoch auch abhängig von der Organisation der Gerichte. Alle bisherigen Bemühungen um eine Justizreform sehen eine bessere Justiz nicht nur als Ergebnis neuer organisatorischer Formen, sondern sie erwarten vor allem auch eine qualitative Anhebung des Richterstandes, die sich nur durch Gewinnung besser qualifizierter Nachwuchskräfte erreichen läßt.

Neben der Verfassungsgerichtsbarkeit besteht die dritte Gewalt in der Bundesrepublik Deutschland aus der ordentlichen (Zivil- und Straf-), Verwaltungs-, Arbeits-, Sozial- und Finanzgerichtsbarkeit.

b) Bundesverfassungsgericht

Das Bundesverfassungsgericht *(BVerfG)* in Karlsruhe ist gegenüber allen übrigen Verfassungsorganen ein selbständiger und unabhängiger Gerichtshof des Bundes; er hat nicht nur rechtliche, sondern auch politische Fragen unter rechtlicher Würdigung zu entscheiden, wobei allerdings politische Ermessensfragen seiner Beurteilung entzogen sind. Das *BVerfG* besteht nach Artikel 94 GG aus Bundesrichtern und anderen Mitgliedern. Seine beiden Senate sind mit je acht Richtern besetzt, von denen je drei oberen Bundesgerichten angehören. Die nicht oberen Bundesgerichten angehörenden Richter werden auf acht Jahre je zur Hälfte vom Bundestag und vom Bundesrat gewählt.

Die in Art. 93 GG festgelegten Zuständigkeiten und die Stellung des Gerichts im Verfassungssystem der Bundesrepublik Deutschland bedingen, daß regelmäßig nur Juristen, die sich als Politiker oder politische Beamte profiliert haben, zu Bundesverfassungsrichtern gewählt werden. Dessenungeachtet hat das *BVerfG* bisher bei seinen Entscheidungen parteipolitische Erwägungen außer acht gelassen und sich aufgrund wirklichkeitsnaher Urteile in der breiten Öffentlichkeit hohes Ansehen erworben.

Auch in den meisten Bundesländern bestehen besondere Verfassungsgerichte. In der Verfassungsgerichtsbarkeit des Bundes und der Länder waren am 1. 1. 1971 insgesamt 83 Richter tätig, davon 3 Frauen und 16 im Bundesdienst beim *BVerfG* in Karlsruhe.[7]

c) Obere Bundesgerichte

Der Bundesgerichtshof in Karlsruhe *(BGH)*, das Bundesverwaltungsgericht in Berlin *(BVerwG)*, das Bundesarbeitsgericht in Kassel *(BAG)*, das Bundessozialgericht in Kassel *(BSG)* und der Bundesfinanzhof in München *(BFH)* sind gem. Art. 95 GG für ihre Ge-

[6] Vgl. z. B. AnwBl. 1971, 64.
[7] Statistisches Jahrbuch 1971, S. 99.

richtsbarkeiten zur Wahrung der Rechtseinheit im Bundesgebiet berufen. Sie sind mit Präsidenten, Vizepräsidenten, Senatspräsidenten und Bundesrichtern besetzt. Ihre Mitglieder werden vom Bundesjustizminister gemeinsam mit dem Richterwahlausschuß berufen und vom Bundespräsidenten ernannt.

Überdurchschnittlich begabte Juristen, die sich als Richter, Ministerialbeamte oder Rechtsanwälte qualifiziert haben, krönen häufig ihre Laufbahn als Richter und Präsidenten an oberen Bundesgerichten. Voraussetzung für die Berufung ist die Vollendung des 35. Lebensjahres, wobei die Notwendigkeit eines gewissen parteipolitischen Rückenwinds auch hier nicht zu verkennen ist.

Am 1. 1. 1971 waren beim *BVerwG* in Berlin 49 (davon zwei Frauen), beim *BGH* in Karlsruhe 280 (davon 11 Frauen), beim *BFH* in München 42 (keine Frau), beim *BAG* in Kassel 17 (davon zwei Frauen) und beim *BSG* in Kassel 40 (davon zwei Frauen) Juristen als Richter tätig. Hinzu kommen 48 Richter (keine Frau) bei der Disziplinargerichtsbarkeit des Bundes (u. a. Bundesdisziplinargericht in Frankfurt am Main).[8]

d) Obere Gerichte der Länder

Oberlandesgerichte – in Berlin das Kammergericht *(KG)* und in Bayern zusätzlich das Oberste Landesgericht *(BayObLG)* –, Oberverwaltungsgerichte beziehungsweise Verwaltungsgerichtshöfe, Landesarbeitsgerichte und Landessozialgerichte sind als Instanzgerichte in allen Bundesländern eingerichtet. Will ein Richter zum Oberlandesgerichtsrat,[9] Oberverwaltungsgerichtsrat usw. avancieren, so muß er das „dritte juristische Staatsexamen" absolvieren. Nach einem ungeschriebenen Gewohnheitsrecht, das noch aus der preußischen Zeit stammt, setzt eine solche Beförderung eine sechs- bis zwölfmonatige erfolgreich beurteilte Tätigkeit des Kandidaten als Hilfsrichter bei der in Frage kommenden Instanz voraus. Diese umstrittene Regelung ist mit Zustimmung des *BVerfG*[10] noch in allen Bundesländern mit Ausnahme Bayerns üblich.

Die Beförderungsbedingung der obergerichtlichen Erprobung kann allerdings die richterliche Unabhängigkeit gefährden; das kann jeder Referendar bezeugen, der einen solchen „Oberreferendar" während seiner Ausbildung beim Oberlandesgericht erlebt hat. Ob ein Richter für eine Beförderung geeignet ist, müßte eigentlich nach

[8] Statistisches Jahrbuch 1971, S. 99.

[9] Die Amtsbezeichnungen der Richter werden nunmehr durch das „Gesetz zur Änderung der Bezeichnungen der Richter und ehrenamtlichen Richter und der Präsidialverfassung der Gerichte" in: „Richter" geändert werden (BGBl. 1972 I, 841 ff.).

[10] DRiZ 1971, 27 (kein Verstoß gegen Art. 101 I 2 GG).

den bisherigen Tätigkeitsbereichen ausreichend beurteilt werden können.[11]

e) Land-, Verwaltungs-, Arbeits- und Sozialgerichte

Die Mehrzahl der in der Bundesrepublik tätigen Richter arbeitet an Land-, Verwaltungs-, Arbeits- und Sozialgerichten. Die Einberufung erfolgt bei den Land- und den Arbeitsgerichten – wie auch bei den Amtsgerichten – als Gerichtsassessoren.[12] Die anderen Gerichtsbarkeiten rekrutierten sich bisher aus in den jeweiligen Verwaltungszweigen erprobten Regierungs- und Oberregierungsräten, sie nehmen aber zunehmend auch Gerichtsassessoren in den Probedienst auf.

Bei den Land- und Verwaltungsgerichten bestehen die Kammern in der Regel nur aus drei Berufsrichtern, die als Vorsitzende und Beisitzer tätig sind. Bei der Kammer für Handelssachen beim Landgericht besteht die Kammer aus einem Berufsrichter und zwei Laienrichtern, bei den Kammern der Verwaltungsgerichte treten zu den drei Berufsrichtern noch zwei Laienrichter hinzu. Bei den Arbeits- und Sozialgerichten ist nur der Vorsitzende Berufsrichter, während die Beisitzer von Arbeitgeber- und Arbeitnehmeroganisationen benannt werden. Auch in der Strafrechtspflege wirken neben den Berufsrichtern in unterschiedlicher Zahl Laienrichter mit (Schwurgerichte, Strafkammern).

In der ordentlichen Gerichtsbarkeit der Länder einschließlich der Amtsgerichte waren am 1. 1. 1971 10076 (darunter 795 Frauen), in der Verwaltungsgerichtsbarkeit 861 (darunter 50 Frauen), in der Finanzgerichtsbarkeit 268 (darunter vier Frauen), in der Arbeitsgerichtsbarkeit 931 (darunter 88 Frauen) und in der Disziplinargerichtsbarkeit 538 (darunter acht Frauen) als Richter tätig.[13] Von diesen Richtern waren 1330 (13,3%) auf Probe tätig. Die Zahl der Richter in der Bundesrepublik Deutschland hat sich damit seit 1961 um 11,56% gesteigert.[14]

f) Amtsgerichte

Die Amtsgerichte der ordentlichen Gerichtsbarkeit haben in Deutschland eine lange Tradition. Die anderen Gerichtsbarkeiten kennen keine Gerichte auf dieser Ebene.

[11] Für die Beibehaltung der Erprobung *Keilholz*, DRiZ 1972, 25.

[12] Die Amtsbezeichnungen der Richter werden nunmehr durch das „Gesetz zur Änderung der Bezeichnungen der Richter und ehrenamtlichen Richter und der Präsidialverfassung der Gerichte" in: „Richter" geändert werden (BGBl. 1972 I, 841 ff.).

[13] Statistisches Jahrbuch 1971, S. 99.

[14] DRiZ 1971, 176 f.

Eine generelle Beseitigung der Amtsgerichte, mit der auch in der ordentlichen Gerichtsbarkeit der dreistufige Gerichtsaufbau eingeführt werden soll, ist das Ziel des zur Zeit diskutierten Referentenentwurfs eines „Ersten Justizreformgesetzes", von dem freilich noch keineswegs feststeht, ob es jemals die gesetzgebenden Instanzen passieren wird. Eine zahlenmäßige Reduktion dieser Gerichte wird durch entsprechende gerichtsorganisatorische Maßnahmen bereits jetzt durchgeführt. Allein seit dem Jahre 1966 wurden in der Bundesrepublik Deutschland 95 Amtsgerichte aufgehoben, wobei diese Entwicklung noch nicht abgeschlossen ist.[15] Diese Aufhebungen von Amtsgerichten oder Zusammenfassungen von mehreren Amtsgerichten zu einem größeren Gericht bezweckt eine stärkere Spezialisierung und Rationalisierung. Die Zahl der Amtsgerichte wird auch in Zukunft unabhängig davon verringert werden, daß 76% der Bundesbürger den allein amtierenden Richter einem Großgericht vorziehen und 49% der Bundesbürger das kleine Amtsgericht lieber am Ort oder in ihrem Stadtviertel hätten.[16]

Werden die Amtsgerichte aufgehoben, so steht für die Einarbeitung des Richternachwuchses nicht mehr die Tätigkeit des Amtsrichters, sondern nur noch die des Beisitzers in einer Kammer des Landgerichts zur Verfügung, ein Nachteil, der allerdings im Interesse von funktionsfähigeren Gerichten in Kauf geommen werden kann; die ordentliche Gerichtsbarkeit wird dann auch hinsichtlich des Einsatzes der Nachwuchsrichter den anderen Gerichtsbarkeiten gleichgestellt.

g) Richter und Bürger

An das Ansehen der Richter in der Öffentlichkeit sind als Korrelat bestimmte Erwartungen geknüpft. Vom Richter erwartet die Partei oder der Angeklagte Unabhängigkeit gegenüber allen äußeren Einflüssen des Standes, der Presse, der Gegenpartei, der Justizverwaltung, der Rechtsmittelinstanzen und auch gegenüber den eigenen Vorurteilen. Der Rechtsuchende will Verständnis für „seinen Fall", d. h. ein Verstehen seiner spezifischen Situation, sowie Aufgeschlossenheit und Toleranz für andere Meinungen.

Die Schwierigkeit des Richterberufs liegt in dem Verstehenmüssen von Situationen, die er nicht selbst erlebt hat, und in der Fähigkeit, unerhebliche von solchen Besonderheiten unterscheiden zu können, die für den jeweiligen Rechtsstreit tatbestandlich und rechtlich relevant sind. Der Richter soll bei Parteien und Angeklagten Verständnis dafür erwecken, daß die Rechtsordnung notwendigerweise

[15] *Schier-Eckl,* NJW 1971, 179.
[16] AnwBl. 1971, 64.

generalisieren muß und nicht alle Besonderheiten des Einzelfalls berücksichtigen kann. Für den Richter sind hier die Kenntnis der Lebenssachverhalte, Einfühlungsvermögen, Lebenserfahrung und Lebensnähe, Verständigungsmöglichkeit aber auch kritische Distanz entscheidend.[17]

Der Richter ist nicht mehr wie zur Zeit des juristischen Positivismus Repräsentant staatlicher Obrigkeit, die ohne Prüfung der Legitimität der Gesetze das Recht zur Aufrechterhaltung des Status quo anwandte. Der heutige Richter ist aufgerufen, an dem im Grundgesetz verankerten Ziel größtmöglicher Freiheit für alle Staatsbürger mitzuwirken, d. h. die Grundrechte in seinen Entscheidungen zu verwirklichen. Er muß im Einzelfall einen Weg zwischen der Wahrung der Rechtssicherheit und der Gerechtigkeit finden. Zwischen Bewahrung der Ordnung und ihrer Fortentwicklung muß der Richter das rechte Maß finden; Überschreitungen dieses Maßes führen entweder zu starrem Konservatismus oder zu einem Verfall der Rechtssicherheit. Der Richter hat bei seinen Entscheidungen zu berücksichtigen, daß Forderungen nach größtmöglicher Freiheit des Einzelnen Ansprüche der Gesellschaft entgegenstehen können; er muß den schmalen Grat finden, auf dem die Ansprüche des Einzelnen und der Gesellschaft ausgeglichen werden können.[18] Hierbei wird auch Mut und Unerschrockenheit erwartet, z. B. wenn Richter von Angeklagten oder hinter ihnen stehenden Gruppen so bedroht werden, daß sie polizeilichen Schutz in Anspruch nehmen müssen.

h) Fortbildung der Richter

Obwohl sich die Ausbildung zum Volljuristen einseitig an den Bestimmungen des deutschen Richtergesetzes und an den Bedürfnissen der Justiz orientiert, bedarf auch der Richter laufender Fortbildung; insbesondere auf den Gebieten des Wirtschafts- und des Steuerrechts fehlt es den Justizjuristen häufig an den für die praktische Arbeit erforderlichen Spezialkenntnissen. Nur wenige Richter und Staatsanwälte können Bilanzen lesen, sie sollen andererseits aber der immer mehr steigenden Wirtschaftskriminalität Herr werden.

So sucht der hessische Minister der Justiz in Stellenanzeigen[19] für die Intensivierung der Verfolgung der Wirtschaftskriminalität befähigte Juristen mit speziellen wirtschaftlichen Berufserfahrungen, etwa bei einer Bank, in einer Wirtschaftsprüfungs- oder Treuhandgesellschaft. Solche „junge und tatkräftige" Volljuristen mit Ideen und Initiative sollen nach kurzer Einarbeitung die

[17] *Richter,* S. F. 35 f.

[18] Vgl. auch *Bauer,* DRiZ 1971, 63 f.; *Huck,* DRiZ 1968, 362 ff.; *Kübler,* DRiZ 1969, 379 ff.

[19] Vgl. Die Zeit, 1971 Nr. 38.

„Chance" zur Verwendung in eigens gebildeten, gutausgestatteten Sonderabteilungen der Staatsanwaltschaften erhalten. Aus dem Kreis dieser Staatsanwälte sollen auch Richter mit Spezialkenntnissen gewonnen werden. Hohn ist jedoch der bloße Hinweis auf die Besoldung nach dem hessischen Gesetz über die Amtsbezüge der Richter und Staatsanwälte; denn ohne das Anbieten des Einstiegs in ein Beförderungsamt wird man schwerlich Juristen mit Spezialkenntnissen gewinnen können, diese werden ihre Chancen meist anderweitig bei besseren Verdienstmöglichkeiten wahrnehmen.

Die Justizverwaltung wird daher auch weiterhin versuchen müssen, die unmittelbar aus ihrer eigenen Ausbildung kommenden Juristen für eine Dienstaufnahme im Justizdienst zu gewinnen, um sie dann selbst fortzubilden. Zu diesem Zweck soll Anfang des Jahres 1973 in Trier die Deutsche Richterakademie als Fortbildungsanstalt für Richter und Staatsanwälte mit einer Kapazität von 80 Lehrgangsteilnehmern eröffnet werden.[20]

i) Berufschancen und Besoldung der Richter

Die Berufschancen sind zur Zeit in allen Gerichtsbarkeiten so gut, daß sich insbesondere in der ordentlichen Gerichtsbarkeit auch Juristen mit ausreichendem Staatsexamen um eine Einstellung bewerben können. Der Justizdienst ist nach wie vor für die meisten Bewerber nicht genügend attraktiv, obwohl die Arbeitsbedingungen und auch die Besoldung verbessert worden sind. Assessoren werden von den meisten Justizverwaltungen nicht mehr dadurch verschreckt, daß ihnen neben dem eigenen Dezernat auch die Urlaubs- und Krankheitsvertretungen übertragen werden. Teilweise werden sogar nur halbe Dezernate zugeteilt, was allerdings befähigten jungen Juristen ebenfalls nicht ganz zusagen dürfte.[21]

Die Besoldung ist dadurch verbessert worden, daß die Richter auch ohne Beförderung im Laufe ihrer Dienstjahre von der Besoldungsgruppe A 13 (Regierungsrat) über die Besoldungsgruppe A 14 (Oberregierungsrat) bis zur Besoldungsgruppe A 15 (Regierungsdirektor) durchgestuft werden. Die Direktoren und die Richter an Obergerichten werden in die Besoldungsgruppe A 15 eingestuft und bis zur Besoldungsgruppe A 16 (Ministerialrat) durchgestuft. Damit ist die bisherige Benachteiligung gegenüber den Verwaltungsbeamten teilweise beseitigt worden. Es ist anzunehmen, daß diese Verbesserungen den Justizdienst wieder attraktiver machen.

j) Juristischer Hilfsarbeiter an oberen Bundesgerichten

Assessoren mit Prädikatsexamen, die die Richterlaufbahn anstreben, können ihren beruflichen Werdegang auch als juristischer

[20] Vgl. DRiZ 1971, 119.
[21] Vgl. *Lambert*, JuS 1971, 605 f.

Hilfsarbeiter an oberen Bundesgerichten beginnen; sie leisten dort hochqualifizierte Arbeit und bekommen einen guten Einblick in die Rechtsprechung. Diese Assessoren werden entweder als Regierungsräte z. A. (Besoldungsgruppe A 13) oder als Angestellte (Vergütungsgruppe II a BAT) beschäftigt.

Rechtsgrundlagen für diese traditionsreiche und bewährte Einrichtung der Beschäftigung junger Juristen fehlen: Die juristischen Hilfsarbeiter werden eingestellt, um die Bundesrichter zu entlasten. Eine Entlastung der Bundesrichter darf aber nicht zur Einstellung einer Vielzahl von juristischen Hilfsarbeitern führen, sondern muß durch die Einrichtung zusätzlicher Richterplanstellen erfolgen. Juristische Hilfsarbeiter sind keine Richter, sie sind gegenüber den Richtern weisungsgebunden. Wenn sie auch keine richterliche Gewalt ausüben, beeinflussen sie dennoch die Entscheidungen der Richter, was im Hinblick auf Artikel 92 GG problematisch sein kann.[22] Die der juristischen Fortbildung dienende Einrichtung des juristischen Hilfsarbeiters sollte auf eine eindeutige gesetzliche Grundlage gestellt und der Position der Richter angenähert werden.

Die Tätigkeit der juristischen Hilfsarbeiter ist auch für diejenigen Juristen interessant, die sich noch nicht für einen bestimmten Beruf entscheiden können. Ähnliches gilt für Assessoren, die ihre Doktorarbeit abschließen wollen, da sie bei den Bundesgerichten ausgezeichnete Bibliotheken zur Verfügung haben und überwiegend ihre Arbeitszeit selbst einteilen können.

2. *Staatsanwalt*

a) Stellung des Staatsanwalts in der Rechtspflege

Die deutsche Staatsanwaltschaft beging kürzlich das Jubiläum ihres hundertjährigen Bestehens. Aufgrund der Forderung der Liberalen wurden die Aufgaben der Strafverfolgung den Richtern vor hundert Jahren entzogen und den Staatsanwälten übertragen. Man befürchtete eine Gefährdung der objektiven Haltung des Richters, wenn in seiner Hand die Aufgaben des Ermittlers und des Richters vereinigt blieben. Die Staatsanwaltschaft ist verpflichtet, von Amts wegen auch alle Entlastungsmomente bei ihrer Entscheidung mit zu berücksichtigen. Heute liegt die Ermittlung des Tatbestandes zunächst weitgehend in Händen der Polizei. Der Staatsanwalt entscheidet jedoch darüber, ob aufgrund der polizeilichen Ermittlungen Anklage erhoben wird, und vertritt die Anklage in der Hauptverhandlung. Die Staatsanwaltschaft unterliegt dem Legalitätsprinzip, sie muß also ohne Ansehen der Person bei hinreichenden Anhaltspunkten für das Vorliegen einer strafbaren Handlung einschreiten.

[22] Vgl. *Hamann*, DVBl. 1971, 838 f. (Besprechung zu *Bichelmeier*, Der juristische Hilfsarbeiter an obersten deutschen Gerichten, Carl Heymans Verlag, Köln–Berlin–Bonn–München, 1970).

Im Gegensatz zum unabhängigen Richter ist der Staatsanwalt verpflichtet, dienstlichen Weisungen seiner Vorgesetzten nachzukommen. Dies gilt jedoch nur außerhalb der Sitzungsvertretung, in der Sitzung kann und muß der Staatsanwalt je nach dem Ergebnis der Beweisaufnahme handeln, also gegebenenfalls eine geringere oder höhere Strafe beziehungsweise Freispruch beantragen.

b) Stellung der Assessoren

Die Stellung der Assessoren in der Staatsanwaltschaft ist zum Beginn der Dienstzeit weit unselbständiger als im richterlichen Dienst. Der Assessor der Staatsanwaltschaft erhält nach der „Anordnung über Organisation und Dienstbetrieb der Staatsanwaltschaften (Allgemeinverfügung der Justizbehörden)" erst nach drei bis sechs Monaten Dienstzeit das sogenannte „kleine Zeichnungsrecht" und nach etwa ein bis eineinhalb Jahren das sogenannte „große Zeichnungsrecht"; während also der Assessor als Richter vom ersten Tag an die gleichen Rechte wie ein auf Lebenszeit bestellter Richter hat, erlangt der Assessor bei der Staatsanwaltschaft die Stellung eines Staatsanwalts erst nach längerer Zeit. Der Assessor kann als Richter vom ersten Tag seiner Tätigkeit an einen Gesetzesbrecher verurteilen, während seinem Kollegen bei der Staatsanwaltschaft das „minus" der selbständigen Antragstellung und des Rechtsmittelverzichts nicht gestattet ist.

Dieses dürfte ein wesentlicher Grund für die Nachwuchssorgen der Staatsanwaltschaften sein. Auch Assessoren mit ausreichender Staatsprüfung können bei der Staatsanwaltschaft meist noch unterkommen. Man sollte zwar Examensnoten nicht überbewerten; dennoch wirkt sich diese Tatsache auf die Dauer auf das Niveau der Staatsanwaltschaft negativ aus. Die Anforderungen, die in bezug auf Menschenkenntnis, Kombinationsgabe, schnelles Auffassungs- und Reaktionsvermögen, Vernehmungstechnik und kriminalistische Schulung gestellt werden, also Eigenschaften, die der junge Staatsanwalt mitbringen soll, muten nach Lage der Dinge etwas theoretisch an. Dennoch hat die Staatsanwaltschaft immer wieder Anziehungskraft auch auf gute Assessoren ausgeübt, die kriminalistische und kriminologische Interessen haben.

c) Schwerpunktsstaatsanwaltschaften

Für wirtschaftlich interessierte Juristen bietet die Staatsanwaltschaft interessante Aufgaben im Rahmen der Bekämpfung der Wirtschaftskriminalität. Wie oben[23] für die Richter bereits ausgeführt wurde, kommt der Bekämpfung der Wirtschaftskriminalität immer

[23] Vgl. 2. Teil, I 1 h.

größere Bedeutung zu. Viele Länder haben daher für diese Spezialaufgaben Schwerpunktstaatsanwaltschaften eingerichtet.[24] Für diese Aufgaben sollen Juristen mit speziellen wirtschaftlichen Berufserfahrungen angeworben werden. Zu den Teams in den Sonderabteilungen der Staatsanwaltschaften sollen auch Wirtschaftsfachleute gehören.[25] Diese Pläne der Landesjustizverwaltungen sind für unsere Wirtschaft existenznotwendig, sie werden aber nur halbherzig durchgeführt, weil für Juristen mit speziellen Wirtschaftskenntnissen nur die Besoldung, wie sie auch andere Staatsanwälte erhalten, vorgesehen ist. Ebenso werden Wirtschaftsfachleute für ein Gehalt nach Vergütungsgruppe IIa und Ib BAT kaum gewonnen werden können. Räumt man den angesprochenen Spezialisten als Staatsanwälte nicht von vornherein Beförderungsämter und den Wirtschaftsfachleuten eine bessere Vergütung ein, so wird das angestrebte Ziel der Intensivierung der Verfolgung der Wirtschaftskriminalität sicher nicht erreicht werden können.

d) Staatsanwälte in der Verwaltungsgerichtsbarkeit

Nach §§ 35 und 36 VwGO werden bei dem *BVerwG* ein Oberbundesanwalt und (fakultativ) bei den Oberverwaltungsgerichten und Verwaltungsgerichten Staatsanwälte als Vertreter des öffentlichen Interesses bestellt; sie haben die Belange des Staates zu vertreten. Nicht alle Bundesländer haben von der „Kammervorschrift" des § 36 VwGO Gebrauch gemacht. Von 2709 am 1. 1. 1971 tätigen Staatsanwälten wirkten nur 168 an Verwaltungsgerichten.[26]

e) Reformbestrebungen

Die Rechtsstellung und die Zukunftsaufgaben der Staatsanwälte werden neuerdings wieder stark diskutiert. Es geht hier um die Frage der Unabhängigkeit, d. h. um die Freiheit von Weisungen, und um die Befugnisse der Staatsanwälte im Ermittlungsverfahren.[27] So hat das Bundesinnenministerium in einem „Vorläufigen Entwurf eines ersten Gesetzes zur Reform des Strafverfahrensrechts" – Stand 25. 6. 1971 – eine Bestimmung vorgesehen, nach der Zeugen verpflichtet sein sollen, auf Ladung eines Staatsanwalts zu erscheinen, zur Sache auszusagen und auf Verlangen zu versichern, daß sie die Wahrheit gesagt haben. Es gibt auch Bestrebungen, die Staatsanwälte aus der Justiz herauszulösen, und sie den Innenministern zu unterstellen. Diese Reformbestrebungen sind bisher, insbeson-

[24] Vgl. *Römer*, Justizverwaltungsblatt 1971, 49 ff., 73 ff.
[25] Vgl. Stellenanzeigen in Die Zeit 1971, Nr. 38.
[26] Vgl. Richterstatistik, DRiZ 1971, 176 f.
[27] Vgl. *Roxin*, DRiZ 1969, 385 ff.

dere in Richterkreisen, überwiegend auf Ablehnung gestoßen.[28] Befürwortet wird dagegen die Forderung, das Weisungsrecht abzuschaffen; dieses sei überholt und widerspreche dem modernen Typ des Staatsanwalts.

f) Aufstiegsmöglichkeiten

Bei der Staatsanwaltschaft kann man vom Staatsanwalt über den Ersten Staatsanwalt, Oberstaatsanwalt, leitenden Oberstaatsanwalt, Generalstaatsanwalt zum Bundesanwalt und Generalbundesanwalt aufsteigen. Die Einstellungschancen sind sehr gut, die Beförderungsmöglichkeiten sind jedoch denen in der Verwaltung nicht vergleichbar, wobei hinzukommt, daß Beförderungsämter häufig von Verwaltungsbeamten aus den Justizministerien – meist mit dem richtigen Parteibuch – besetzt werden. Die Besoldung der Staatsanwälte ist verbessert worden; sie erhalten heute auch ohne Beförderung zu Ende ihrer Dienstzeit die Besoldungsgruppe A 15 (Regierungsdirektor).

3. Strafvollzugsdienst

Die Anstalten des Strafvollzugs, in denen verurteilte Rechtsbrecher ihre Freiheitsstrafe verbüßen müssen, werden in der Regel von Juristen und Juristinnen geleitet.

Juristen mit Interesse an Kriminologie, Psychologie und Pädagogik finden hier ein spezielles Aufgabengebiet, das nur am Beruf persönlich stark engagierte Menschen bewältigen können. Die Arbeitsbedingungen im Strafvollzug sind schwierig. Nicht nur die Beaufsichtigung der eingeschlossenen straffällig gewordenen Menschen, sondern auch die Dienstaufsicht über das Anstaltspersonal bringt tägliche Schwierigkeiten, die Entschlußkraft und auch persönlichen Mut erfordern. Die unterdurchschnittliche Besoldung und Vergütung des Aufsichts- und Betreuungspersonals entspricht nicht der in der normalen öffentlichen Verwaltung und ist den besonderen Bedingungen des Berufes nicht angepaßt. Das gleiche gilt für die nicht ausreichende Einstufung der Gefängnisdirektoren in die Laufbahnämter Oberregierungsrat, Regierungsdirektor und allenfalls Leitender Regierungsdirektor. Dies sollte jedoch am Strafvollzug interessierte Juristen, die vorher auch als Rechts- oder Staatsanwälte tätig gewesen sein können und sollten, nicht von einer Bewerbung für diese wichtigen Aufgaben bei den Justizministerien (-senatoren) der Bundesländer abhalten.

[28] *Sarstedt,* Der Tagesspiegel v. 15. 2. 1972; vgl. weiter die Diskussion in DRiZ 1971, 356, 395, 397.

4. *Rechtsanwalt*

a) Stellung des Rechtsanwalts in der Rechtspflege

Die Tätigkeit des Rechtsanwalts gilt als freier Beruf; vom Gesetz wird die Rechtsanwaltschaft als ein unabhängiges Organ der Rechtspflege bezeichnet; in dieser Prämisse liegt die ganze Problematik des Anwaltsberufs. Der Rechtsanwalt darf nicht bedingungslos die Interessen seiner Mandanten vertreten und soll unter Umständen von einem Prozeß abraten. Er muß sich in der Kunst üben, Prozesse gegebenenfalls auch zu vermeiden.[29] Neben dem Auftreten vor Gericht ist daher die vorbeugende und beratende Tätigkeit des Anwalts von großer individueller, aber auch volkswirtschaftlicher Bedeutung. Vom Anwalt wird größte Sachkenntnis auf allen Gebieten des Rechts, ein unbeugsamer Rechtssinn, persönlicher Mut, Geschick, Takt, Ehrenhaftigkeit und Würde verlangt.[30] Dieses Idealbild ist ebenso wie in jedem anderen Beruf unerfüllbar. Der Anwaltsstand besteht nun einmal ebenfalls aus einer Vielfalt von Menschen, bei denen alle negativen und positiven Eigenschaften vertreten sein können. Daher sind auch negative und abwertende Urteile über Juristen häufig auf die Advokaten bezogen, wobei einige schwarze Schafe, die in der Presse negative Schlagzeilen machen, dem Anwaltsstand sehr schaden können. Umgekehrt werden die Anwälte nach den neuesten Umfragen über die Einstellung der Bevölkerung gegenüber Institutionen der Rechtspflege als Garanten der gesellschaftlichen Ordnung sehr positiv beurteilt.[31]

Der Mandant sieht den Rechtsanwalt meist nicht als unabhängiges Organ der Rechtspflege, sondern als persönlichen Ratgeber. Vom Rechtsanwalt erwartet der rechtsuchende Bürger nicht die Distanz des Richters, sondern die Vertretung seiner Interessen, nach Möglichkeit sogar die Identifizierung mit seinem Anliegen. Auf der anderen Seite erwartet der Mandant eine objektive Beurteilung des Anliegens, nämlich der Chancen des Obsiegens, verbunden mit dem Aufzeigen aller rechtlichen Möglichkeiten, seinen Fall erfolgreich durchzuführen. Der Rechtsanwalt muß deshalb die besondere Situation des Mandanten erfassen und sich bei der Durchsetzung von dessen Anliegen auch durch Unerschrockenheit und Selbständigkeit gegenüber den staatlichen und sonstigen Autoritäten auszeichnen.[32] Der Rechtsanwalt ist also schon von seiner Rolle her mehr Vertreter

[29] *v. Gleichenstein,* AnwBl. 1970, 8.

[30] Vgl. *Meisner-Heinrich,* Anwaltsbrevier, J. Schweitzer-Verlag Berlin, 2. Aufl. (1971); *Ostler,* Die Deutschen Rechtsanwälte 1871–1971, Verlag W. Ellinghaus, Essen 1971.

[31] *Kaupen,* AnwBl. 1971, 63 f.

[32] *Richter,* S. F. 36.

von individuellen Interessen, dadurch ist ihm von vornherein ein größeres Maß an von der Regel abweichenden Entfaltungsmöglichkeiten als dem Richter eingeräumt.

Der Rechtsanwalt muß Konflikte ideologiefrei als ein Gegeneinander von Interessen erkennen und sie ausgleichen. Die hierfür notwendige sachliche Distanz und Toleranz sowie die Fähigkeit zu wertender Abwägung gegensätzlicher Positionen sind die hervorstechenden Eigenschaften, die der Anwalt während seiner Berufstätigkeit verwirklichen muß.[33] Ein gewisses politisches Engagement ist damit nicht ausgeschlossen.

Der bundesdeutsche Gesetzgeber ist nicht mehr zu großen systemschaffenden Kodifikationen des Rechts fähig; die Kodifikationen des 19. Jh., insbesondere das BGB, altern zusehends. Hinzukommt, daß die Rechtsetzung des planenden und daseinsvorsorgenden Staates immer umfangreicher und komplizierter wird. Diese Situation verlangt in zunehmendem Maße den ordnenden und interpretierenden Rechtsberater. Im Hinblick auf eine breiter gestreute Rechtsinformation wird der Bürger zwar in Zukunft in einfachen Rechtsangelegenheiten weniger der anwaltlichen Beratung bedürfen, jedoch umgekehrt in schwierigen Fällen immer mehr qualifizierten Rechtsrat in Anspruch nehmen müssen.

b) Spezialisierung und Anwaltsgemeinschaft

Bei der von den Rechtsuchenden erwarteten hohen Qualität der anwaltlichen Beratung wird auch der allgemein zu beobachtende Trend zur Spezialisierung vor dem Beruf des Rechtsanwalts nicht haltmachen. Dennoch müssen Anwälte auch als Spezialisten über eine breite juristische Grundlage verfügen, die ihren Schwerpunkt in Zivilrecht, Strafrecht oder öffentlichem Recht haben wird. Darüber hinaus muß der heutige Anwalt jedoch in einem oder mehreren Spezialgebieten über ein umfassendes Wissen verfügen, das er ständig auf dem höchstmöglichen Stand hält. Ein spezialisierter Anwalt wird in Zukunft immer weniger allein arbeiten können, sondern sich mit Kollegen zu Anwaltsgemeinschaften zusammenschließen müssen. Die Sozietät wird daher in Zukunft die dominierende Organisationsform anwaltlicher Tätigkeit darstellen. Nur dann werden Unternehmen, die eigene Rechtsabteilungen mit auf Teamarbeit eingestellten, spezialisierten Syndici haben, auch zusätzlichen unabhängigen anwaltlichen Rat in Anspruch nehmen – etwa wenn es um Fragen aus Rechtsgebieten geht, die nicht Gegenstand der normalen Tätigkeit des Unternehmens sind. Ausschließlich Anwaltsgemeinschaften mit spezialisierten Rechtsanwälten sind in der Lage,

[33] *H.-J. Rabe,* NJW 1971, 1386; AnwBl. 1971, 226.

für größere Unternehmen vielschichtige Rechtsfragen schnell und zuverlässig zu lösen.

In den USA gibt es Anwaltsfirmen, in denen bis zu 170 Anwälte tätig sind; das größte Londoner Anwaltsbüro umfaßt 150 Anwälte als Partner oder Angestellte, wobei das Büro insgesamt rund 350 Personen beschäftigt. Büros mit über 20 Anwälten gibt es in Japan, in Spanien, Holland und Italien, wobei manche dieser Anwaltsgemeinschaften auch Zweigbüros in anderen Ländern unterhalten. Die deutsche Anwaltschaft macht ähnliche Anstrengungen, um konkurrenzfähig zu bleiben.[34]

Damit ist nicht gesagt, daß große Sozietäten kleinere Anwaltspraxen und Einzelpraxen verdrängen müssen. Die Erfahrungen wiederum der USA, wo unter 143 00 Praxen nur rund 15 000 Gemeinschaftspraxen gezählt werden, zeigen die Existenzberechtigung und -fähigkeit von Praxen jeder Größenordnung. Der Zusammenschluß eines Teils der Rechtsanwaltschaft zu größeren Sozietäten ist aber notwendig, um der Anwaltschaft neue Arbeitsgebiete zu erschließen oder altes Terrain, wie das fast verlorene Steuerrecht, zurückzuerobern.

c) Fachanwälte; „sozialistische" Anwälte

Rein äußerlich kann eine Spezialisierung gegenüber den Mandanten durch die Bezeichnung Fachanwalt, zum Beispiel für Steuerrecht oder Verwaltungsrecht, gekennzeichnet werden. Voraussetzung für die Zulassung der speziellen Berufsbezeichnung ist nach § 67 der Richtlinien für Rechtsanwälte zum Beispiel bei den Fachanwälten für das Steuerrecht, daß sie Kenntnisse nachweisen können, die denen der Steuerberater entsprechen.[35] Unter den 23 599 im Jahre 1971 zugelassenen Rechtsanwälten gab es 1170 Fachanwälte für Steuerrecht und nur 51 Fachanwälte für Verwaltungsrecht.[36]

Dagegen ist ein Praxisschild „sozialistisches Anwaltskollektiv" nicht zulässig. Die Rechtsprechung hält einen solchen weltanschaulichen Hinweis nicht für zulässig, da dieser Hinweis ein Widerspruch zu dem Begriff „Rechtsanwaltschaft als unabhängiges Organ der Rechtspflege" sei und deswegen gegen § 177 II 2 BRAO i. V. mit §§ 2 I 2, 61 I 2, II der Standesrichtlinien verstoße. Gleichzeitig verletze die Werbewirkung auf Sympathisierende und der Eindruck der Erhebung niedrigerer Gebühren den § 1 des Gesetzes gegen den unlauteren Wettbewerb.[37]

d) Gemeinschaften von Rechtsanwälten und Wirtschaftsprüfern

Der Trend zur Spezialisierung und zur Anwaltsgemeinschaft setzt sich fort in dem Bestreben, gemischte Sozietäten von Rechtsanwälten, Wirtschaftsprüfern, Patentanwälten, Steuerberatern und Nota-

[34] *v. Gleichenstein,* AnwBl. 1970, 5.
[35] Vgl. *Büsing,* AnwBl. 1971, 348; *BGH,* NJW 1972, 297 f.
[36] Statistische Angaben in AnwBl. 1971, 138; Statistisches Jahrbuch 1971, S. 99.
[37] *LG Berlin,* AnwBl. 1970, 275 f.

ren zu bilden. Der Versuch, Wirtschaftsprüfung und Steuerberatung dem Anwaltsberuf durch die Einführung des Fachanwalts für Steuerrecht wieder näher zu bringen, ist nur teilweise geglückt. Das Anwachsen so erfolgreicher Berufsgruppen wie der Wirtschaftsprüfer, Steuerberater und Patentanwälte führte dazu, daß die Anwälte auf den einträglichen Gebieten der Vermögensverwaltung, Testamentserrichtung und -vollstreckung, Steuerberatung, Treuhandtätigkeit und Beratung im Gesellschafts- und Wirtschaftsrecht entscheidenden Boden verloren haben. Die mit spezieller Rechtsberatung befaßten Berufe der Steuerberater, Wirtschaftsprüfer und Patentanwälte werden nunmehr wieder durch überberufliche Zusammenschlüsse an den Beruf des Rechtsanwalts herangeführt. Diese Entwicklung wird von den Rechtsanwaltskammern und dem Institut der Wirtschaftsprüfer in gemeinsamen Tagungen gefördert.[38] Es soll erreicht werden, den Mandanten, denen es in der Regel völlig einerlei ist, ob sie von einem Wirtschaftsprüfer, Steuerberater oder Rechtsanwalt beraten werden, einen umfassenden Dienstleistungsservice anzubieten.[39]

Bürogemeinschaften werfen zwar viele rechtliche Probleme wie der Firmierung, der Vertretung, der Gewinnbeteiligung unter anderem auf; diese Probleme sind aber sämtlich lösbar.

Das Problem der Firmierung kann beispielsweise so gelöst werden, daß eine „Sozietät Dr.“ oder „Dr. und Partner“ unter Nennung des Namens des dienstältesten Mitgliedes als Kurzbezeichnung gewählt wird. Im Verkehr mit Behörden, Gerichten und den Mandanten können dann Briefbögen verwendet werden, die die Namen und die Berufsbezeichnungen der einzelnen Partner enthalten.[40] Da die Umsätze der guten Rechtsanwälte, Wirtschaftsprüfer, Steuerberater und Patentanwälte ungefähr gleich hoch sind,[41] lassen sich durchaus echte Sozietäten bilden, bei denen von den Gesamteinnahmen die Gesamtunkosten bestritten werden und der verbleibende Einnahmeüberschuß unter den Sozien aufgeteilt wird. Desgleichen haben bereits die Haftpflichtversicherungen besondere Bedingungen für Sozietätsversicherungen ausgearbeitet, bei denen alle Sozien unter gleichen Bedingungen versichert werden.

Als Rechtsform der Zusammenschlüsse bietet sich die BGB-Gesellschaft an, unter der bislang Anwaltssozietäten geführt worden sind.[42] Dagegen lassen die Berufsgesetze der Wirtschaftsprüfer und der Steuerberater auch eine juristische Person zu. So hat der überwiegende Teil der Wirtschaftsprüfergesellschaften die Rechtsform einer juristischen Person gewählt, von denen die meisten einer GmbH, ein Teil aber auch einer AG den Vorzug gegeben haben. Ein kleiner Teil der Wirtschaftsprüfergesellschaften, in denen etwa 40% der insgesamt rund 2500 Wirtschaftsprüfer tätig sind, haben Personalgesellschaften – KG oder OHG – gebildet. Rechtsanwälte besitzen schon heute Beteiligungen an Wirt-

[38] *Brangsch,* AnwBl. 1970, 187.

[39] *v. Gleichenstein*, AnwBl. 1970, 7.

[40] Vgl. *Schmidt-Hanglers,* AnwBl. 1971, 262 ff.; *v. Gleichenstein*, AnwBl. 1970, 6 f.; *Chemnitz*, AnwBl. 1970, 346 f.

[41] Vgl. statistische Angaben in AnwBl. 1970, 312 ff.

[42] *BGH,* BB 1960, 681.

schaftsprüfer-, Vermögensverwaltungs- und Treuhandgesellschaften; Anwaltssozietäten und Wirtschaftsprüfergesellschaften haben bereits Wirtschaftsprüfungsgesellschaften in der Form einer GmbH gebildet. Es wird daher angestrebt, auch für Anwaltssozietäten andere Rechtsformen als die BGB-Gesellschaft zuzulassen.[43]

Die gemischte Sozietät ist in der Lage, dem Rechtsuchenden eine volle Dienstleistung zu bieten, sie kann durch Rationalisierungsmaßnahmen Ertragssteigerungen herbeiführen und gewährleistet von der Betriebsgröße her eine bessere Absicherung der einzelnen Sozien im Kankheits- und Invaliditätsfalle. Wesentliche Voraussetzung für eine solche Sozietät sind jedoch Grundkenntnisse aller Partner in den zusammengeschlossenen Disziplinen, um Verständigungsschwierigkeiten von vornherein zu vermeiden. Dies kann häufig schon durch die gegenseitige Fortbildung der Sozien in den Bereichen der anderen Sozien erreicht werden.

e) Syndikusanwalt

Große Unternehmen streben eine weitgehende juristische Autarkie an, indem sie Rechtsabteilungen aufbauen, in denen vielfach hochqualifizierte und spezialisierte Juristen den Bedarf der Unternehmen an Rechtsberatung nahezu decken. Viele dieser Syndici sind auch als Rechtsanwälte zugelassen. Die Bundesrechtsanwaltsordnung läßt als Ergebnis einer von der Praxis des Wirtschaftslebens geprägten rechtshistorischen Entwicklung den Doppelberuf des angestellten Syndikus und freien Rechtsanwalts zu (§ 46 BRAO); fast jeder dritte Rechtsanwalt ist als Syndikusanwalt tätig.[44] Voraussetzung ist nach der standesrechtlichen Rechtsprechung jedoch, daß der Syndikusanwalt neben seiner abhängigen Stellung auch eine freie Anwaltstätigkeit ausüben kann. Das anwaltliche Standesrecht wirkt sich insoweit einschränkend auf die anwaltliche Betätigung des Syndikusanwalts aus, als es ihm verbietet, für den Dienstherrn oder Arbeitgeber in seiner Eigenschaft als Rechtsanwalt vor Gericht tätig zu werden. Das bedeutet, daß der Syndikusanwalt im Anwaltsprozeß von der Vertretung seines Arbeitgebers ganz ausgeschlossen ist. In Verfahren, in denen kein Anwaltszwang besteht (zum Beispiel Amtsgericht, Arbeitsgericht, Beschlußverfahren), kann der Firmensyndikus für seinen Arbeitgeber dagegen als Angestellter auftreten.[45]

Es darf aber nicht verkannt werden, daß die Unabhängigkeit des Anwalts im besonderen Maße von denen bedroht wird, deren Interessen er vertritt. Dies trifft insbesondere auf die Syndikusanwälte

[43] *v. Gleichenstein,* AnwBl. 1970, 8.
[44] Vgl. AnwBl. 1970, 313.
[45] *Fuchs,* AnwBl. 1970, 213 ff.; *BGH,* NJW 1966, 2062 ff.

zu. Dabei ist kein Unterschied zwischen einem Anwalt im Angestelltenverhältnis und einem Anwalt zu sehen, dessen Einkommen überwiegend auf seine Tätigkeit für ein einziges Unternehmen zurückgeht. Diese Problematik darf Rechtsanwälte jedoch nicht hindern, die sich in Zukunft noch ausweitenden Aufgaben eines Firmenanwalts zu übernehmen. Auch hier werden Gefahren durch Sozietäten überwiegend gebannt, da sie einem großen Mandanten besser als ein Einzelanwalt gegenübertreten können.

f) Beamte als Rechtsanwälte

Interessant ist, daß der Beruf des Beamten und die Tätigkeit eines Rechtsanwalts sich gegenseitig nicht völlig ausschließen. Das Beamtenrecht sieht ausdrücklich die Möglichkeit vor, einem Beamten eine freiberufliche Tätigkeit als Nebenbeschäftigung zu genehmigen.

So hat das *BVerwG*[46] einem beamteten wissenschaftlichen Assistenten einer Universität die Ausübung einer anwaltlichen Tätigkeit gestattet: Das Grundrecht auf die freie Entfaltung der Persönlichkeit umfasse auch das Recht auf entgeltliche Verwertung der eigenen Arbeitskraft. Seine Arbeitskraft brauche der Beamte im allgemeinen nur nach Maßgabe der Vorschriften über die Arbeitszeit dem Dienstherrn zur Verfügung zu stellen; dem Beamten bleibe daher Zeit zur freien Disposition, die er zwar in erster Linie zu seiner Erholung verwenden solle, daneben aber auch für eine entgeltliche unselbständige oder freiberufliche Tätigkeit ausnutzen dürfe.

Das angeführte Urteil des *BVerwG* ist allerdings hauptsächlich auf Hochschullehrer zugeschnitten, soweit sie in einem Beamtenverhältnis auf Probe oder auf Widerruf stehen (§ 47 I 2. BRAO); so ist die Zulassung als Rechtsanwalt auf jeden Fall zurückzunehmen, wenn der Rechtsanwalt zum Beamten auf Lebenszeit ernannt worden ist. Dies ist in § 14 I Nr. 6 BRAO geregelt, der nicht gegen Art. 12 GG verstößt.[47] Ebenso schließen sich zum Beispiel die Tätigkeit des Verwaltungsbeamten und des Rechtsanwalts gegenseitig aus (§ 7 Nr. 10 BRAO). Ein Beamter, der als Abgeordneter des Bundestags oder eines Landtags als beurlaubt gilt, kann ebenfalls nicht als Rechtsanwalt zugelassen werden.[48]

g) Altersstruktur und Berufschancen

36% der Volljuristen wählen den Beruf eines Rechtsanwalts.[49] Die deutsche Rechtsanwaltschaft nimmt jährlich um etwa 3% zu, wobei sich der Zuwachs fast ausschließlich aus den jüngeren Jahrgängen rekrutiert. Im Jahre 1971 gab es in der Bundesrepublik Deutschland 23 599 (1965: 19 796) Rechtsanwälte, darunter 924

[46] NJW 1970, 2313; dagegen *Chemnitz*, NJW 1970, 1059 ff.
[47] Vgl. *BGH*, NJW 1972, 259 f.
[48] Vgl. *BGH*, NJW 1971, 1180 ff.
[49] Vgl. DRiZ 1971, 65.

Frauen (4%).[50] Nur eine kleine Zahl von Rechtsanwälten wählen das 65. Lebensjahr als Zeitpunkt des beruflichen Ausscheidens, in der Regel üben die Rechtsanwälte ihren Beruf sogar bis in ein sehr hohes Alter hinein aus, wobei nicht nur Neigung, sondern auch bittere Notwendigkeit die Ursache für die Weiterarbeit sein dürften.

Auffallend ist die unterschiedliche Anwaltsdichte in den deutschen Großstädten, aus der sich ergibt, daß Landeshauptstädte die größte und ausgesprochene Industriestädte die geringste Anwaltsdichte haben. Das Vorhandensein eines oberen Gerichts wirkt sich auf die Anwaltsdichte noch nicht einmal erhöhend aus, wie folgende Übersicht zeigt:[51]

Anwälte in Großstädten in der Reihenfolge der Anwaltsdichte:

Stadt	Anwaltsdichte (Zahl der Einwohner je Anwalt)	Gerichte am Ort
Frankfurt a. M.	595	OLG
München	764	OLG, BFH
Düsseldorf	834	OLG
Stuttgart	1074	OLG
Hamburg	1085	OLG
Wiesbaden	1145	LG
Hannover	1158	LG
Köln	1171	OLG
Münster	1282	LG
Mannheim	1306	LG
Karlsruhe	1358	OLG, BGH, BVerfG
Nürnberg	1407	OLG
Berlin	1564	KG, BVerwG
Kassel	1628	OLG, BAG, BSG
Augsburg	1666	OLG
Bremen	1666	OLG
Essen	1703	LG
Kiel	1776	LG
Braunschweig	1855	OLG
Krefeld	1913	LG
Hagen	2222	LG
Lübeck	2400	LG
Wuppertal	2455	LG
Duisburg	2513	LG
Dortmund	2621	LG
Bochum	2941	LG
Gelsenkirchen	4217	AG
Oberhausen	4237	AG

Der Bundesdurchschnitt der Rechtsanwaltsdichte liegt zwischen den Städten Dortmund und Bochum.

[50] AnwBl. 1971, 136.
[51] Vgl. *Martini*, AnwBl. 1970, 119 ff.

Üblicherweise nimmt ein junger Rechtsanwalt seine Tätigkeit in der Praxis eines älteren Kollegen als Angestellter in der Hoffnung auf, daß das Angestelltenverhältnis eines Tages in eine Sozietät umgewandelt wird. Will sich ein junger Jurist sofort als Einzelanwalt niederlassen, benötigt er eine gesunde Kapitalbasis, da in den ersten Jahren der Einführung der Praxis wegen der hohen Unkosten auch bei viel Arbeit nur wenig Gewinn zu erzielen ist. Rund 25% der zugelassenen Rechtsanwälte erreichen mit rund 2000 DM Reingewinn im Monat ein geringeres Einkommen als Richter und höhere Beamte[52] Der größte Teil der Anwälte dürfte ungefähr das gleiche wie ein Jurist im öffentlichen Dienst verdienen. Die Anzahl der sehr gut, d. h. über 100 000 DM verdienenden Rechtsanwälte (einschließlich der Notare) ist mit 10% der Rechtsanwaltschaft sehr gering und nur hier wird ein ausreichender Lohn für die Risiken des freien Berufs erzielt.[53] Besonders unter den älteren Rechtsanwälten liegt ein gleich hoher Prozentsatz von 10% mit ihrem Einkommen am Rande des Existenzminimums oder darunter. Diese Übersicht zeigt, wie wichtig das noch immer nicht gelöste Problem der Altersversorgung der Rechtsanwälte ist. Zu einem befriedigenden Ergebnis kann hier nur die Öffnung der Sozialversicherung für die selbständigen und freien Berufe führen.[54]

h) Zulassung zum Oberlandesgericht und zum Bundesgerichtshof

Rechtsanwälte werden zunächst bei einem bestimmten Gericht (in der Regel bei einem Landgericht, häufig auch bei einem Amtsgericht und dem übergeordneten Landgericht) zugelassen. Das bedeutet, daß sie *in Zivilsachen* Prozesse nur vor diesem Gericht (und den Amtsgerichten) führen können. In Strafsachen und den Verfahren der anderen Gerichtsbarkeiten besteht keine lokale Bindung; hier können die beim Landgericht zugelassenen Anwälte auch bei den oberen Gerichten auftreten.

Auf Antrag werden Rechtsanwälte nach einer Wartepflicht von fünf Jahren zum Oberlandesgericht beziehungsweise Kammergericht (Berlin) zugelassen und müssen dann ihre Zulassung beim Amts- und Landgericht aufgeben (§ 25 BRAO). Auch diese Regelung betrifft nur die Prozeßvertretung in Zivilsachen. Fünfjährige Wartepflicht und Pflicht zur Aufgabe der Zulassung bei den unteren Gerichten verstoßen nach ständiger Rechtsprechung des *BGH*[55] nicht gegen die in Art. 12 GG garantierte Freiheit der Berufsausübung. Der sachlich vertretbare Sinn dieser Regelung liegt darin, daß beim

[52] *Lambert,* JuS 1971, 608.
[53] Vgl. statistische Angaben in: AnwBl. 1970, 312 ff.
[54] *Brangsch,* AnwBl. 1970, 187.
[55] Vgl. NJW 1971, 1990.

Oberlandesgericht nur Anwälte tätig sein sollen, die bereits eine gewisse Berufserfahrung gesammelt haben. Sie ist jedoch für junge Rechtsanwälte wenig glücklich und wird möglicherweise eines Tages geändert werden. Die Frage der Simultanzulassung beim Oberlandesgericht wird jedenfalls immer wieder gestellt.

Voraussetzung für die Zulassung beim *BGH* ist nach §§ 162 ff. BRAO die Benennung durch einen Wahlausschuß und die Entscheidung des Bundesministers der Justiz. Persönliche Voraussetzungen sind die Vollendung des 35. Lebensjahres und eine fünfjährige Anwaltstätigkeit. Die Zulassung beim *BGH* ist ausschließlich, d. h. der Rechtsanwalt darf bei keinem anderen Gericht in der Bundesrepublik Deutschland zugelassen sein. Im Gegensatz zur Zulassung zum Oberlandesgericht besteht aber kein Anspruch auf eine Zulassung zum *BGH*.

i) Stellung des Anwalts in der DDR

Rechtsanwälte aus der DDR können unter bestimmten Voraussetzungen, insbesondere in Strafprozessen, in der Bundesrepublik Deutschland tätig werden. Umgekehrt werden auch Rechtsanwälte der Bundesrepublik Deutschland – allerdings unter größeren Einschränkungen – in der DDR tätig. Es sei daher auf einen instruktiven Aufsatz des Vorsitzenden des Kollegiums der Rechtsanwälte von Groß-Berlin hingewiesen,[56] der „Aufgaben und Stellung der Rechtsanwaltschaft im entwickelten gesellschaftlichen System des Sozialismus" darstellt. Diese Abhandlung ist sehr informativ und zeigt bei kritischer Durchsicht, daß die Probleme der Rechtsanwaltschaft in der Bundesrepublik Deutschland und in der Deutschen Demokratischen Republik sich ähneln, zum Beispiel hinsichtlich der Stellung als selbständiges Organ der Rechtspflege, der Einbeziehung von Psychologie, Pädagogik und Soziologie in die Berufsausbildung, des Zusammenschlusses von Kollegien, der Spezialisierung und der Entwicklung einer modernen rationellen Büroorganisation. Interessant ist, daß die Höhe der Gebühren nicht von der Dauer, sondern von der Erledigung des Verfahrens abhängen soll: Die frühzeitige Erledigung eines Auftrags, zum Beispiel durch außergerichtlichen Vergleich oder Einstellung des Verfahrens, darf nicht zur Verringerung und eine Beweisaufnahme nicht zur Erhöhung der Gebühr führen; auf diese Weise soll eine Konzentration der Verfahren erreicht werden. Deutliche Unterschiede zur freiheitlich-demokratischen Grundordnung, wie wir sie nach dem Grundgesetz verstehen, werden allerdings dort erkennbar, wo die anwaltliche Tätigkeit in ihrer Unabhängigkeit dadurch eingeschränkt wird, daß sie als erstrangige politisch-ideologische Aufgabe konstruiert wird.

In der DDR gibt es zur Zeit ca. 630 Rechtsanwälte, davon nur noch 160 als freie Rechtsanwälte. In Zukunft soll es nur noch Anwaltskollegien geben; Einzelanwälte werden nicht mehr zugelassen.[57]

[56] Vgl. NJ 1969, 615 ff.; AnwBl. 1970, 11 f.
[57] Vgl. AnwBl. 1972, 120.

5. Notar

a) Rechtsstellung

Seiner Rechtsstellung nach steht der Notar in der Mitte zwischen den in der Justiz als Richter und Staatsanwälte tätigen Juristen und den freiberuflich tätigen Rechtsanwälten. Er ist zwar nicht Beamter, aber dennoch Träger eines öffentlichen Amtes. Die Haupttätigkeit des Notars besteht in der Errichtung öffentlicher Urkunden. Er muß dem Mandanten die Gewähr bieten, daß das beurkundete Rechtsgeschäft das Rechtsverhältnis abschließend, zuverlässig und dauerhaft regelt. Daher muß der Notar aus der Vielzahl der rechtlichen Gestaltungsmöglichkeiten diejenigen auswählen, die dem Willen der Parteien (zum Beispiel bei Grundstücksverträgen) oder der Einzelpersonen (zum Beispiel bei Testamenten) am besten entsprechen und den Forderungen nach Klarheit und Sicherheit mi Rechtsverkehr so Rechnung tragen, daß später Streitigkeiten über die Auslegung nicht entstehen können. Der Notar hat dazu beizutragen, Prozessen vorzubeugen und den Rechtsfrieden zu wahren.[58] Notare sind somit Träger öffentlicher Ämter.

Die Notariatsverfassung in der Bundesrepublik Deutschland ist leider sehr uneinheitlich. Nach der Bundesnotarordnung vom 24. 2. 1961 (BGBl. I, 98 ff.) gibt es verschiedene Notariatsformen.

b) Hauptberufliches Nurnotariat

Das hauptberufliche Nurnotariat besteht in den Bundesländern Bayern, Hamburg, Rheinland-Pfalz, Saarland und teilweise in Nordrhein-Westfalen (Gebiet des Rheinischen Notariats). Der Notar übt hier die Notarstätigkeit *ausschließlich* aus, d. h. ohne Verbindung mit einer Berufsausübung als Rechtsanwalt. Die Zahl der Notarstellen wird von der Landesjustizverwaltung nach den Bedürfnissen der Rechtspflege auf das erforderliche Maß beschränkt. Die Ernennung zum Notar erfolgt erst nach einem Anwärterdienst als Notariatsassessor, wobei im Hinblick auf die beschränkten Aussichten, als Notar bestellt zu werden, mit längeren Wartezeiten gerechnet werden muß. Die lange Wartezeit wird jedoch durch ein weit überdurchschnittliches Einkommen der Nurnotare kompensiert. Dieses Einkommen besteht nicht aus einem festen Gehalt, sondern wird freiberuflich aus gesetzlich festgelegten Gebühren erzielt. In Bayern nimmt das freiberufliche Notariat durch eine Versorgungsbezüge gewährende staatliche Notarkasse eine Mittelstellung zum Beamtenstatus ein.

[58] *Hoppe-Hutter*, S. 132; *Saacke*, S. 20.

c) Amtsnotariat und Bezirksnotariat

Im Lande Baden-Württemberg gibt es Nurnotare, Anwaltsnotare und als Besonderheiten im früheren Landesteil Baden das Amtsnotariat und im württembergischen Landesteil das Bezirksnotariat. Die Amts- und die Bezirksnotare sind Beamte; diese Notariate sind als Behörden der freiwilligen Gerichtsbarkeit ausgestaltet, wobei der badische Amtsnotar die Befähigung zum Richteramt haben muß, während der württembergische Bezirksnotar Beamter des gehobenen Dienstes mit einer Sonderausbildung ist. Diese Notare nehmen neben den Aufgaben der öffentlichen Notare auch Aufgaben von Grundbuchbeamten wahr und üben teilweise Funktionen aus, die sonst von Vormundschafts- und Nachlaßrichtern beziehungsweise Rechtspflegern wahrgenommen werden. Die Amts- und Bezirksnotare genießen in der Bevölkerung der genannten Landesteile großes Ansehen, weshalb sich das Land Baden-Württemberg immer wieder dafür eingesetzt hat, die aus seiner Sicht bewährte Sonderregelung beibehalten zu können.

d) Anwaltsnotariat

In den übrigen Bundesländern, also Berlin, Bremen, Hessen, Niedersachsen, Schleswig-Holstein und den größeren Teilen Nordrhein-Westfalens, besteht das System des Anwaltsnotariats. Hier werden Rechtsanwälte nach in der Regel mindestens fünfjähriger, oft auch längerer Anwaltstätigkeit auf Antrag neben dem Beruf des Rechtsanwalts zu Notaren bestellt. Diese Anwaltsnotare leisten ebenfalls einen Amtseid. In ländlichen Bezirken, in denen nicht zu viele Prozesse anfallen, aber Grundstücksverkäufe eine größere Rolle spielen, beziehen die Anwaltsnotare oft einen wesentlichen Teil ihres Einkommens aus dem Notariat. In den Großstädten wirft das Notariat nur dann größere Einnahmen ab, wenn ein Notar z. B. regelmäßig zur Beurkundung von Beschlüssen (zum Beispiel der Hauptversammlungen von Aktiengesellschaften) herangezogen wird.

Die Unterschiede der verschiedenen Notariatsformen sind historisch zu erklären; so lag bis zu dem Inkrafttreten des Bürgerlichen Gesetzbuches in Süddeutschland, in Hamburg und im Rheinland die Zuständigkeit für Beurkundungen ausschließlich bei den Notaren und nicht auch bei den Gerichten. Diese Notare konnten schon im vorigen Jahrhundert allein von den ihnen übertragenen Aufgaben leben, was z. B. in Preußen nicht möglich gewesen wäre. Wer heute ein ausschließliches Interesse an dem Beruf des Notars hat, sollte sich daher in Gebieten mit Nurnotariaten ansiedeln, wobei man sich allerdings auf längere Wartezeiten als Notarassessor einstellen muß. Die Notarassessoren erhalten während der Anwärterzeit von den Notarkammern Bezüge, die denen von Gerichtsassessoren entsprechen (§ 7 Bundesnotarordnung).

Von den 1971 in der Bundesrepublik Deutschland zugelassenen 23 599 Rechtsanwälten waren 5343, also rund ¼, zu Anwaltsnotaren bestellt. Im gleichen Zeitraum gab es 791 Nurnotare.[59]

e) Notariat in der DDR

In der DDR gibt es heute – ähnlich dem Amtsnotariat in Baden – ein staatliches Nurnotariat, das zusätzlich einen Teil der in der Bundesrepublik von der freiwilligen Gerichtsbarkeit wahrgenommenen Aufgaben übertragen bekommen hat. Der Minister der Justiz beruft die Notare in ein Angestelltenverhältnis.[60]

II. Der Jurist in der Verwaltung

1. Stellung der Juristen in der Verwaltung

a) Juristen in der Verwaltung

Von den deutschen Juristen, die ihre Ausbildung zum Volljuristen mit Erfolg abgeschlossen haben, treten rund 26% in den höheren Verwaltungsdienst ein, z. B. beim Bund, bei den Bundesländern, bei den Gemeinden und Gemeindeverbänden und bei den Körperschaften des öffentlichen Rechts (mittelbare Staatsverwaltung). Für den Eintritt in den Verwaltungsdienst wird nach wie vor grundsätzlich ein Prädikatsexamen in der zweiten Staatsprüfung verlangt. Da die juristische Ausbildung auf die Bedürfnisse der Justiz, in der nur 16% der Assessoren eine Verwendung finden,[61] zugeschnitten ist, sind viele Verwaltungszweige gezwungen, die neueingestellten Assessoren in die Aufgaben ihres Tätigkeitsbereichs erst einzuführen; diese Einführungszeit kann bis zu zwei Jahre in Anspruch nehmen, in denen der Verwaltungsjurist noch nicht zu praktischer Arbeit eingesetzt wird. Dies hat mehrere Gründe.

Einmal müssen nicht nur die Chef- bzw. Spitzenstellungen, sondern auch die Stellen der mittleren Führungskräfte der staatlichen Verwaltung mit Bewerbern besetzt werden, die aufgrund Vorbildung, Ausbildung und Werdegang das Instrumentarium moderner Personalplanung und -führung und die neuzeitliche Organisationsplanung und -technik für Entscheidungsvorbereitungen beherrschen. Diese Führungskräfte müssen bei Weiterbestehen des bisherigen Berufsbeamtentums zudem in der Lage sein, politisch zu handeln,

[59] Statistische Angaben in AnwBl. 1971, 136.
[60] AnwBl. 1972, 121.
[61] Vgl. Bundesminister der Justiz, DRiZ 1971, 65.

d. h. sie müssen dem permanenten Gestaltungsauftrag des Staates gerecht werden können.[62] Dies ist nicht zu verwechseln mit Parteibuchpolitik. Die Verwaltung braucht also Juristen, die neben soliden Rechtskenntnissen über durchaus erlernbare organisatorische Fähigkeiten verfügen und als zukünftige Manager der öffentlichen Verwaltung das Instrumentarium der für ihren Aufgabenbereich geforderten Arbeitstechniken beherrschen.[63]

b) Rückgang der Juristen in der Verwaltung

Die aus der derzeit üblichen Ausbildung hervorgehenden Juristen erfüllen die für die Schaltstellen der Verwaltung geforderten Voraussetzungen nicht. Um eine weitere langjährige Ausbildung der Assessoren in der Verwaltung zu vermeiden, werden durchaus beachtenswerte, aber noch nicht durchschlagende Versuche gemacht. Das Konstanzer Modell strebt beispielsweise ein praxis-orientiertes verwaltungswissenschaftliches Studium an. Als Demonstrationsobjekt für die Notwendigkeit einer neuen Strategie der Verwaltungsjuristenausbildung kann z. B. die in der Öffentlichkeit breit diskutierte Raumplanung dienen. Ziel muß eine Hochschulausbildung sein, die durch postuniversitäre Studiengänge für Verwaltungsbeamte eine laufende zeitgerechte Anpassung des administrativen Fach- und Führungswissens sicherstellt.[64] Solche Bestrebungen liegen im bitter notwendigen Existenzinteresse des Juristennachwuchses. Der Anteil der Juristen im öffentlichen Dienst, vor allem im Bereich der Kommunalverwaltung, geht immer weiter zurück. Angesichts der Aufgabenstellung der öffentlichen Verwaltung im Verhältnis zur Ausbildung der Juristen ist diese Entwicklung zwangsläufig. Sie ist eine Folge der Mängel der Juristenausbildung im Hinblick auf eine spätere Verwendung in der Verwaltung, sie wird aber auch durch die immer stärker sich abzeichnende Spezialisierung der staatlichen Verwaltung verursacht. Das bedeutet, daß die Berufschancen der jetzigen Jurastudenten im Hinblick auf die verfügbaren Stellen des höheren Dienstes in der öffentlichen Verwaltung immer schlechter werden, da Juristen in zunehmendem Maße durch Absolventen anderer Fakultäten oder sogar durch Aufstiegsbeamte ersetzt werden. Auf diese Weise führt die deutsche Juristenausbildung zu der auch schon in den Europäischen Gemeinschaften zu beobachtenden fatalen Situation,[65] daß die Juristen immer mehr auf reine Justitiar-

[62] Vgl. *Guilleaume,* Die Verwaltung 1971, 176 ff.; *Schick,* JZ 1970, 449 ff.; *Gukelberger,* Die Verwaltung 1970, 73 ff.

[63] *Hartkopf,* „Bundesakademie für öffentliche Verwaltung" („betrifft" Heft 12), S. 5.

[64] *Hirsch-Leibfried,* KritJ 1970, 413 ff.; *Scharpf,* DÖV 1971, 771 ff.

[65] Vgl. unten 3. Teil, II 2 e (Anteil und Chancen der Juristen).

aufgaben beschränkt und aus den planerischen und somit aus den Schlüsselpositionen verdrängt werden.[66]

c) Juristen in Konkurrenz zu anderen Spezialisten

Diese Entwicklung ist nicht zwangsläufig; sie könnte von den Juristen gebremst und umgekehrt werden. An der Eignung der Juristen für die Ausfüllung von Führungspositionen in der Verwaltung hat sich nichts geändert. Die gegenteilige Behauptung verkennt, daß gerade Juristen aufgrund ihrer im Ansatz richtigen Ausbildung in stärkerem Maße als andere Bewerber in der Lage sind, sich in die Gedankengänge benachbarter Disziplinen (zum Beispiel in der Wirtschafts-, Schul-, Bau- und Medizinalverwaltung) hineinzufinden, die Ganzheit eines Vorgangs zu erfassen und eine koordinierende Funktion zu erfüllen. Ein Juristenmonopol kann und darf es zwar nicht geben, es hat auch in der Vergangenheit niemals bestanden. Die wachsende Zahl von Spezialisten der verschiedensten Fachbereiche innerhalb der Verwaltung vergrößern jedoch die Notwendigkeit der Koordination, wodurch die Bedeutung des juristischen Generalreferenten und Abteilungsleiters zunehmen müßte.

Allerdings setzt dies Juristen voraus, die in der Lage sind, übergreifende Verantwortung zu übernehmen und Fragen aus anderen Fachgebieten wenigstens soweit zu überblicken, daß ihnen die Einordnung der speziellen Probleme in die Gegebenheiten der Gesamtverwaltung auch gelingen kann.[67]

d) Aufgaben künftiger Juristenausbildung und -fortbildung

Es ist Aufgabe einer verbesserten Ausbildung und verstärkten Fortbildung, die künftigen Juristen zur Erfüllung von Koordinations- und Planungsaufgaben zu befähigen.[68] Von der Universität wird daher gefordert werden müssen, im öffentlichen Recht die Gebiete stärker zu betonen, auf denen der Jurist später in der Verwaltung eingesetzt wird. Neben dem Verfassungsrecht sind die Themen Verteilungs-, Leistungs- und Steuerstaat, Wohlfahrtsstaat, Bildung und Wissenschaft, Verwaltungsorganisation, Eingriffsverwaltung, Rechtsschutz, Entschädigung, Städtebau und Raumordnung verstärkt zu lehren,[69] Themen, die gleichzeitig die wesentlichsten Aufgabengebiete des modernen Verwaltungsjuristen beschreiben.

[66] Vgl. *Schnur,* „Zur Sache – Reform der Juristenausbildung", S. 98.

[67] Vgl. *Thiele,* DVBl. 1969, 691.

[68] Vgl. *P. J. Klein,* Das Berufsbild des Planers in der öffentlichen Verwaltung, Carl Heymanns Verlag KG, Köln, 1971; *Noll-Schneider-Krüger,* JZ 1968, 373 ff.

[69] Vgl. *Badura-Carl-Ipsen-Schütz,* JZ 1970, 718 ff.

Aber nicht nur im Studium, sondern auch in der jetzigen Referendarausbildung – das gleiche gilt für die teilweise neu eingeführte einphasige Juristenausbildung – werden die Grundlagen des öffentlichen Rechts und die Verwaltungslehre zu kurz behandelt. Der Vorbereitungsdienst in der Verwaltung ist didaktisch falsch an der Justitiartätigkeit in der öffentlichen Verwaltung orientiert, statt Einblicke in die Aufgaben der Verwaltungsleitung zu vermitteln, mit denen es der spätere höhere Verwaltungsbeamte zu tun haben wird.[70] Diese negative Verwaltungsausbildung endet folgerichtig im Assessorexamen in einer Klausur, in der in der Regel das Urteil eines Verwaltungsgerichts zu entwerfen ist. Es ist selbstverständlich, daß Fähigkeiten wie das spezifische Verwaltungshandeln, über das ein moderner Verwaltungsbeamter heute verfügen muß, nicht einfach geprüft werden können. Dem Referendar muß daher in der Praxis und nicht in der Prüfung gezeigt werden, wie sich das Verwaltungshandeln von einer richterlichen Entscheidung abhebt.

e) Kein Juristenmonopol

Wollen die Juristen in der Verwaltung konkurrenzfähig bleiben, ist das Qualitätsproblem, das sich für die mit Ausbildung überlastete Justiz auch als Quantitätsproblem darstellt, nur zu lösen, wenn man einer einphasigen Juristenausbildung oder auch bei Beibehaltung des Referendariats die Ausbildungswege auf die Justiz und die Verwaltung spezialisiert. Durch besondere Bedingungen für ein jederzeitiges Überwechseln der auszubildenden und auch der fertigen Juristen kann dabei an der Einrichtung des „Volljuristen" durchaus festgehalten werden.[71] Der bisherige Ausbildungsschwerpunkt bei der Justiz[72] – und hier sogar nur bei der ordentlichen Gerichtsbarkeit – hat zu einem Zurückdrängen der Juristen in Verwaltung und Wirtschaft geführt. Es fehlt dem derzeitigen Juristennachwuchs nicht an Rechtskenntnissen; was für eine Verwendung in Verwaltung und Wirtschaft fehlt, ist der Überblick über die großen Zusammenhänge von Staat, Wirtschaft und Gesellschaft, die damit verbundene innere Sicherheit, kulturelles Niveau, politisches Verantwortungsbewußtsein und nicht zuletzt auch Sprachkenntnisse.[73]

Mit einer solchen intensivierten Ausbildung der Juristen auch für die Bereiche der Verwaltung sollte keineswegs angestrebt werden, ein unangebrachtes Juristenmonopol in der Verwaltung wiederher-

[70] *Rob. Fischer* und *Schnur*, „Zur Sache – Reform der Juristenausbildung", S. 162, 97.
[71] Vgl. Fakultätentag, DRiZ 1970, 201.
[72] Vgl. *Noll-Schneider-Krüger*, JZ 1968, 373.
[73] Vgl. *Wengler*, JZ 1970, 229.

zustellen. Dies hatte sich allerdings nur teilweise im 19. Jahrhundert herausgebildet und zu keiner Zeit wirklich voll bestanden. Der Jurist soll nur befähigt werden, ein Fachmann unter anderen Fachleuten zu sein. Führungspositionen sollte auch er in der Verwaltung nur einnehmen dürfen, wenn er sich nicht darauf beschränkt, lediglich ein juristischer Fachmann zu sein.

f) Parteibuchbeamte und Leistungsprinzip

Die Berufschancen in der Verwaltung sind nicht immer von Leistung und Können allein, sondern auch oder teilweise sogar nur von politischen Faktoren abhängig.[74] Die teilweise geforderte Abschaffung der Staatsprüfungen als Leistungsnachweis und Eignungsvoraussetzungen für den Staatsdienst würde die Tendenz zum Parteibuchbeamten zunehmen lassen.[75] Es ist zwar verständlich, wenn politische Amtsträger die Schlüsselpositionen ihrer Behörden und die Stellen ihrer nächsten Umgebung – persönliche Referenten, Pressereferenten, Leiter der Ministerbüros – mit Beamten ihres politischen Vertrauens besetzen.[76] Die dafür zumutbare Grenze wird jedoch dann überschritten, wenn in normale Positionen – Referenten und Abteilungsleiter – Beamte nur aufgrund der Mitgliedschaft bei einer Partei und/oder einer Gewerkschaft leistungsstärkeren Beamten vorgezogen werden – ein Verfahren der Ämterpatronage, das unausrottbar zu sein scheint. Die Grenze sollte da liegen, wo bei zwei Beamten mit gleicher Qualifikation demjenigen der Vorzug gegeben wird, der sich durch die Mitgliedschaft in einer staatstragenden Partei schon äußerlich zur freiheitlich-demokratischen Grundordnung der Bundesrepublik Deutschland bekennt.

Ansonsten müßte das Leistungsprinzip uneingeschränkt gelten: Der Grundsatz, daß die persönliche Leistung primäres Kriterium für Einstellung und beruflichen Erfolg im öffentlichen Dienst ist, gehört zu den Grundlagen des Berufsbeamtentums. Die politische Treuepflicht läßt sich mit dem Leistungsprinzip durchaus vereinbaren, da Leistungen nur im Rahmen von Gesetz und Recht erbracht werden können. Politische Treue allein sollte allerdings nicht als Leistung gewertet werden, noch weniger – wie bisher leider häufig der Fall – parteipolitische Linientreue.[77]

g) Verwaltungsjurist und Bürger

Obwohl der Verwaltungsjurist dem Bürger nach wie vor als Repräsentant des Staates erscheint, hat sich doch ein entscheidender

[74] Vgl. *v. d. Groeben*, DVBl. 1965, 137 ff.
[75] *Müller*, NJW 1970, 145 f.
[76] Vgl. *Thieme*, S. D. 52 f.
[77] Vgl. *Leisner*, „Die Bundesverwaltung“, 1972, 9.

Beurteilungswandel durchgesetzt. Gegenüber der Autoritätsgläubigkeit früherer Jahrzehnte erwartet der Bürger heute, daß der Beamte auch für ihn und nicht nur für die öffentliche Gewalt da ist. Hier setzt sich der sozialstaatliche Gedanke der Teilhabe am Staat durch, der dem Bürger den Verwaltungsbeamten als Vertreter der Allgemeinheit erscheinen läßt, der auch verpflichtet ist, dem Einzelnen den ihm zustehenden Anteil zu geben. Nur der Jurist, der dies begriffen hat, wird im Rahmen der Daseinsvorsorge ein guter, in seiner Arbeit Befriedigung findender Beamter werden.

Bei den mit Planungs-, Leitungs- und Organisationsaufgaben betrauten Juristen richtet sich die Erwartung des Bürgers nicht nur auf das rechtliche Wissen, sondern auf die Erfassung konkreter Lebensbereiche und der Aufgeschlossenheit für künftige Entwicklungen. Das positive Wissen des Verwaltungsbeamten soll die Einordnung von Problemen in die rechtlichen Zusammenhänge eines großen Aufgabengebiets und das Aufzeigen von Alternativen ermöglichen. Gerade bei den mit Planungsaufgaben befaßten Juristen steht die Notwendigkeit im Vordergrund, Erkenntnisse auch anderer Wissenszweige in seine Überlegungen miteinzubeziehen, und zwingt ihn so zu einer interdisziplinären Zusammenarbeit.[78]

2. *Allgemeine und innere Verwaltung*

a) *Erfordernis weiterer Aus- und Fortbildung*

In der allgemeinen inneren Verwaltung des Bundes, der Länder und der Gemeinden wird der Assessor in der Regel ohne eine weitere spezielle Ausbildung vom ersten Tag seines Dienstantritts an mit praktischer Arbeit befaßt. Er leistet als Hilfsreferent oder Hilfsdezernent Zuarbeit für seinen Referenten oder Dezernenten. Übewiegend wird er mit den schwierigeren Rechts- und Organisationsfragen befaßt und muß nur nebenbei Routinearbeit leisten. Dennoch hat der Assessor in der Verwaltung größere Startschwierigkeiten als in der Justiz, da er in der Referendarzeit die Funktion eines Richters, Staatsanwalts oder Rechtsanwalts besser kennengelernt (und auch eingeübt) hat.

Es wird daher immer wieder der Vorschlag gemacht, alle Angehörigen des höheren Dienstes zu Beginn ihrer Laufbahn für ein Jahr auf eine Führungsakademie zu schicken, eine Art Hochschule für Verwaltungswissenschaften in Speyer[79] oder besser einer ENA (Ecole Nationale d'Administration) in Paris. Hier sollen die Assessoren u. a. moderne Verwaltungsorganisation, Haushaltsrecht, Per-

[78] *Richter*, S. F. 36 f.
[79] Vgl. *H.-P. Bull*, ZRP 1969, 114.

sonalführung lernen, also Dinge, von denen sie in der Referendarzeit allenfalls am Rande etwas gehört haben, die aber das tägliche Brot des Verwaltungsjuristen sind.

Die Frage, ob eine solche weitere Ausbildung nach der zweiten juristischen Staatsprüfung notwendig und gerechtfertigt ist, oder ob man sich auf spätere Fortbildungslehrgänge beschränken kann, wird viel diskutiert.[80] Verwaltungen, die – wie z. B. die Bahn-, Post- und Finanzverwaltung – spezielle Aufgabengebiete betreuen, halten eine weitere Ausbildung des Assessors für unerläßlich. Das Assessorexamen könne für sie nicht das Ende der Ausbildung bedeuten – das auch dann nicht, wenn in Zukunft die Probleme der Verwaltung während Studium und Referendarzeit stärker berücksichtigt würden. Die Finanz- und Zollverwaltung geht bei ihren Assessoren von der Notwendigkeit einer 1½jährigen Einarbeitung aus.[81]

Die Gegenmeinung ist der Auffassung, daß die Referendarausbildung all das enthalte und enthalten müsse, was das Berufsbild des Juristen ausmache; eine spätere erweiterte Ausbildung des Assessors sei daher nicht mehr erforderlich, die Kenntnisse der Verwaltungsbeamten seien ausschließlich in Fortbildungslehrgängen zu vertiefen und zu erweitern. Nach dem zuletzt genannten Prinzip arbeitet, wie erwähnt, zur Zeit (noch?) die allgemeine innere Verwaltung.

b) Bundesakademie für öffentliche Verwaltung und Hochschule für Verwaltungswissenschaften

Das Bundesinnenministerium hat mit Erlaß vom 28. 8. 1969 eine Bundesakademie für öffentliche Verwaltung errichtet. Sie ist die zentrale Fortbildungseinrichtung der Bundesregierung. Die Akademie bietet unter anderem an:

- Kurse und Seminare bis zu dreiwöchiger Dauer zur Fortbildung der Nachwuchskräfte des höheren Dienstes,
- Kurse und Seminare von einwöchiger Dauer zur allgemeinen fach- und funktionsbezogenen Fortbildung für Angehörige des höheren Dienstes,
- Lehrgänge von viereinhalbmonatiger Dauer – später von einjähriger Dauer – zur Heranbildung von Führungskräften der Verwaltung und
- Lehrgänge von sechs- bis achtmonatiger Dauer zur Vorbereitung auf internationale Aufgaben für Beamte aus Bund (ohne auswärtigen Dienst), Ländern und Gemeinden.

Die Bundesakademie hat zur Zeit vier Lehrgruppen. Daneben ist ein Wissenschaftlicher Dienst eingerichtet worden, der in „Fachdienste" (Verwaltungs-, Wirtschafts- und Sozialwissenschaften, Pädagogik) und in einen Dokumentations- und Bibliotheksdienst ge-

[80] *Maurer*, JZ 1965, 187; *Wiese*, DVBl. 1969, 693.

[81] Vgl. unten 2. Teil, II 3 a (Bundesfinanzverwaltung).

gliedert ist. Der Akademie ist außerdem ein Beirat und ein wissenschaftlicher Ausschuß angegliedert, die mit hohen Staatsbeamten, Hochschullehrern und Spitzenfunktionären der Gewerkschaften besetzt sind. Der Beirat hat die Aufgabe, die Bundesakademie in der Aufstellung und Durchführung des Arbeitsprogramms zu beraten. Bei ihren Lehrveranstaltungen bedient sich die Bundesakademie mitarbeitsintensiver Lehrmethoden, vor allem der Gruppenarbeit, des Plan- und des Rollenspiels und der Fallstudie.

Dozenten sind neben Mitgliedern der Bundesakademie – zur Zeit 20 Beamte und Angestellte des höheren Dienstes – Praktiker aus Verwaltung und Wirtschaft, Hochschullehrer und Mitarbeiter wissenschaftlicher Institute.[82] Unter den Lehrgangsteilnehmern und den Dozenten sind die Juristen die stärkste Gruppe. Wer die Chance erhält, an der Bundesakademie zu lehren oder zu studieren, sollte die Gelegenheit nutzen.[83]

Da jedoch die Tätigkeit des Verwaltungsbeamten nicht primär rechtsfindend und entscheidend, sondern mehr sozialgestaltend ist, kommt die Verwaltung, wenn sie den Zukunftsaufgaben gewachsen sein soll, ohne eine spezifische verwaltungswissenschaftliche Ausbildung schon auf der Universität nicht aus. Fortbildungsmaßnahmen allein können die fehlende spezifische Ausbildung nicht nachholen.[84] Auch die nur für Referendare gedachte Hochschule für Verwaltungswissenschaften in Speyer kann diese Lücke nur zu einem kleinen Teil schließen. Die Hochschule in Speyer ist im Jahre 1950 durch Gesetz des Landes Rheinland-Pfalz als rechtsfähige Anstalt des öffentlichen Rechts errichtet worden und wird aufgrund eines Verwaltungsabkommens von Bund und Ländern gemeinsam getragen.[85] Sie hat Hochschulrang mit Promotionsrecht und ist wie eine juristische Fakultät oder ein juristischer Fachbereich gegliedert. Als Studierende sind nur Referendare zugelassen; während alle Referendare des Landes Rheinland-Pfalz die Hochschule während ihrer Ausbildung besuchen, werden aus den übrigen Bundesländern nur eine bestimmte Zahl Referendare, die sich durch überdurchschnittliche Leistungen auszeichnen müssen, nach Speyer entsandt. Es versteht sich, daß neben Lehrveranstaltungen aus allen Rechtsgebieten besondere Schwerpunkte auf verwaltungswissenschaftlichem Gebiet liegen, zum Beispiel Raumordnungs- und Bauplanungsrecht, Recht des öffentlichen Dienstes und Wirtschaftsver-

[82] Vgl. „betrifft", Heft 12, Bundesakademie für öffentliche Verwaltung, hrsg. vom Bundesinnenministerium; *Kölble,* ZRP 1969, 283 f.

[83] *Thieme,* S. D. 33.

[84] Die Bundesakademie für öffentliche Verwaltung hat ihren Sitz in 53 Bonn-Bad Godesberg 1, Deutschherrenstr. 93.

[85] Vgl. *Wassermann,* JuS 1963, 164.

waltungsrecht. Die Hochschule in Speyer ist in § 5 II 2 des Deutschen Richtergesetzes in der Neufassung vom 19. 4. 1972 ausdrücklich als auf den Vorbereitungsdienst anrechnungsfähig genannt.

An einer Abgrenzung der Aufgaben der vom Bund allein getragenen Bundesakademie für öffentliche Verwaltung in Bonn/Bad Godesberg und der vom Bund gemeinsam mit den Ländern finanzierten Hochschule für Verwaltungswissenschaften in Speyer scheint es noch zu fehlen. Trotzdem kann jedem Referendar, der später in die Verwaltung gehen will, der Besuch der Hochschule in Speyer empfohlen werden. Der Lernstoff ist vielseitig, und außerdem gilt es in der Verwaltungslaufbahn zu Recht als ein „prae",[86] an der Hochschule in Speyer studiert zu haben.

Die Hochschule in Speyer bietet auch für verwaltungserfahrene Beamte Fortbildungskurse während der Semesterferien an.

c) Fortbildung auf Länderebene

Auch die Bundesländer bieten ihren Probebeamten Fortbildungsmöglichkeiten. Die ständige Konferenz der Innenminister der Länder hat hier einen Rahmenplan zur Fortbildung der Probebeamten des höheren Dienstes entwickelt.[87]

Das Land Bayern faßt hochqualifizierte Beamte mehrerer Fachrichtungen zusammen, davon etwa die Hälfte Juristen, des weiteren Wirtschafts-, Ingenieur-, Forst-, Landwirtschaftswissenschaftler und Pädagogen mit guten Examensnoten und Verwaltungsbewährung. Der Intensivkurs gliedert sich in folgende Abschnitte:

- Sprachkurs an der Bundessprachenschule (zwei Monate),
- erster theoretischer Kurs in sechs Wissensgebieten, zum Beispiel Wirtschafts- und Finanzpolitik, Regierungs- und Verwaltungslehre, Diplomatie und internationale Beziehungen (fünf Monate),
- Informationstätigkeit außerhalb der Staatsverwaltung, zum Beispiel bei Banken, Zeitungen, Arbeitgeber- und Wirtschaftsvereinigungen (vier Monate) und
- zweiter theoretischer Kurs, zum Beispiel Föderalismus, Vortragstechnik, Lehrgang an der Hochschule Speyer und gemeinsame Skiwoche (fünf Monate).

Dozenten sind Praktiker und Hochschullehrer. Das Ausbildungsziel ist der überall verwendbare Karrierebeamte, wobei den Juristen nicht allein das Feld belassen werden soll.[88]

d) Behörden der inneren Verwaltung

Als klassische Beispiele für die allgemeine innere Verwaltung dienen das Bundesinnenministerium und sein Geschäftsbereich, die

[86] Mit Ausnahme der Referendare aus dem Lande Rheinland-Pfalz, die alle unabhängig von ihrer Qualifikation nach Speyer entsandt werden.
[87] Vgl. *Wiese*, DVBl. 1969, 692 ff.
[88] Vgl. *Baer*, „Die Verwaltung" 1969, 97 ff.

Länderinnenministerien und ihre Geschäftsbereiche und die Kommunalverwaltung. In diesen Verwaltungszweigen arbeiten die Juristen mit Beamten aus speziellen Fachbereichen, wie Pädagogen, Medizinern, Wirtschafts- und Ingenieurwissenschaftlern eng zusammen. Durch den Bedarf an Fachbeamten wird dem angeblichen Juristenmonopol schon eine natürliche Grenze gesetzt. Die Forderung nach Beseitigung eines solchen nie vorhandenen Juristenmonopols bedeutet daher meist nichts anderes als die Forderung, Juristen durch Wirtschaftswissenschaftler, Politologen, Soziologen und Aufstiegsbeamte zu ersetzen. Aber auch das hat eine Grenze; alle Verwaltungsgebiete sind durch Gesetze und Verordnungen so ausführlich geregelt, daß man ohne Juristen nicht auskommen und Juristen auch nicht nur auf Justitiaraufgaben beschränken kann. Im Rechtsstaat sind nur die akademisch vorgebildeten Juristen in der Lage, Gleichmaß und Ordnung der Verwaltung sicherzustellen.

e) das Bundesinnenministerium

Das Bundesinnenministerium als Beispiel einer obersten Bundesbehörde, die einen großen Bedarf an qualifizierten Juristen hat, ist in folgende Abteilungen – mit einem breiten Spektrum an Aufgaben für Juristen – gegliedert:

- Zentralabteilung (Personal, Haushalt, Organisation, allgemeine Grundsatzfragen, Justitiariat)
- Abteilung Verfassung, Staatsrecht, Verwaltung
- Abteilung Bundesgrenzschutz
- Abteilung zivile Verteidigung (Notstandsgesetze)
- Abteilung Sport und Kulturpflege
- Abteilung Beamten- und Personalrecht, Wiedergutmachung
- Abteilung Raumordnung und Kommunalwesen
- Abteilung Umweltschutz
- Abteilung öffentliche Sicherheit (Vereins- und Versammlungsrecht, Staats- und Verfassungsschutz, Polizeiangelegenheiten, Paßrecht)
- Abteilung Angelegenheiten der Vertriebenen, Flüchtlinge und Kriegsbeschädigten.

Diese Übersicht, die den Geschäftsverteilungsplan des Bundesinnenministeriums grob wiedergibt, zeigt schon die vielseitigen Aufgaben der inneren Verwaltung auf Bundesebene, die überwiegend nur von Juristen gelöst werden können. Sie sind hier als Regierungsräte, Oberregierungsräte, Regierungsdirektoren, Ministerialräte, Ministerialdirigenten, Ministerialdirektoren und Staatssekretäre tätig. Grundlage für die Bundesbeamten bilden das Bundesbeamtengesetz in der Neufassung vom 17. 7. 1971[89] und die dazugehörenden Laufbahnverordnungen vom 27. 4. 1970.[90]

[89] BGBl. 1971 I, 1181 ff.
[90] BGBl. 1970 I, 422 ff.

f) Bundesoberbehörden

Das Bundesinnenministerium hat wie auch andere Bundesministerien in seinem nachgeordneten Geschäftsbereich viele Bundesoberbehörden und unselbständige Bundesanstalten, über die es gem. Artikel 86, 87 GG die Rechts- und Fachaufsicht ausübt. Hier seien nur die folgenden genannt:

- Bundesamt für zivilen Bevölkerungsschutz in Bonn/Bad Godesberg
- Bundesarchiv in Koblenz
- Bundeskriminalamt in Wiesbaden
- Bundesverwaltungsamt in Köln
- Bundeszentrale für politische Bildung in Bonn
- Bundesprüfstelle für jugendgefährdende Schriften in Bonn/Bad Godesberg
- Statistisches Bundesamt in Wiesbaden
- Bundesamt für Verfassungsschutz in Köln.

Weitere bekannte Bundesoberbehörden und unselbständige Anstalten, die der Aufsicht anderer Bundesministerien unterstehen, sind:

- Bundesausgleichsamt in Bad Homburg v. d. H.
- Bundesbaudirektion in Berlin
- Bundesgesundheitsamt in Berlin
- Bundeskartellamt in Berlin
- Bundesversicherungsamt in Berlin
- Deutsches Patentamt in München
- Bundesanstalt für das Versicherungs- und Bausparwesen in Berlin
- Bundesaufsichtsamt für das Kreditwesen in Berlin
- Deutsches Archäologisches Institut in Berlin
- Materialprüfungsamt in Berlin.

Die obengenannten Oberbehörden beschäftigen eine mehr oder weniger große Zahl von Juristen, die in diesen Behörden als Hilfsreferenten und Referenten in den Verwaltungsabteilungen (Personal-, Haushalts-, Organisations- und Rechtsreferaten) und in den Fachabteilungen mit juristischem Einschlag tätig sind. In der Funktion als Hilfsreferenten und Referenten können sie vom Regierungsrat über den Oberregierungsrat zum Regierungsdirektor aufsteigen. Als Abteilungsleiter und Behördenchefs werden sie zu Leitenden Regierungsdirektoren, Abteilungspräsidenten, Vizepräsidenten und Präsidenten befördert.

g) Landesverwaltung

Genauso vielfältig wie der Dienst in der Bundesverwaltung ist der Dienst in der Landesverwaltung. Die Länderministerien und die Bezirksregierungen bieten Juristen abwechslungsreiche Tätigkeiten, insbesondere auf den Gebieten Kultur, Polizei, Landesplanung und Wirtschaftsplanung. Auch in den Ländern haben die Innenministerien den größten Bedarf an Juristen. In den Flächenländern sind die den Innenministerien nachgeordneten Bezirksregierungen oder Regierungspräsidien ebenfalls auf die Mitarbeit vieler Juristen angewiesen. Das ergibt sich schon aus den Geschäftsverteilungsplänen eines Regierungspräsidiums. In der Abteilung „allgemeine und innere Verwaltung“ gibt es die Dezernate „Staatsangehörigkeit, Personenstand, Vereine“, „Kommunalangelegenheiten“, „Polizei“, „Wehrsachen, Katastrophenschutz“, „Enteignungen“, „Lastenausgleich“ und „Sozialwesen“. Auch in den Schulabteilungen sind Juristen neben Pädagogen tätig in den Dezernaten „Schulorganisation“, „Schulbau“, „Schul- und Personalverwaltung“. Die Abteilung „Wirtschaft“, zu der die Referate „Preisüberwachung“ und „Gewerbeaufsicht“ gehören, beschäftigt Juristen neben Diplom-Ingenieuren und Diplom-Landwirten. Ebenso sind in der Abteilung „Forsten“, die von Forstwissenschaftlern beherrscht wird, Juristen im Dezernat „Verwaltungsrechtsangelegenheiten“ tätig. Eine von Juristen beherrschte, aber nicht sehr beliebte Abteilung bearbeitet „Entschädigungssachen“. Im Regierungspräsidium Wiesbaden waren in dieser Abteilung im Jahre 1965 über 40 Juristen tätig.[91] Die Entschädigungssachen laufen allerdings langsam aus.

Die Aufstiegsmöglichkeiten sind im Landesdienst die gleichen wie im Bundesdienst, und zwar vom Regierungsrat bis zum Staatssekretär, wobei bei den höheren Ämtern Parteibuchbeamte häufig den Vorzug erhalten.

b) Kommunalverwaltung

Die Kommunalverwaltung wird von der Selbstverwaltung geprägt, in der übergeordnete Behörden nur die Rechtsaufsicht ausüben. Gleichzeitig haben die Kommunalbehörden – Landkreisverwaltungen, Verwaltungen kreisfreier Städte und Gemeindeverwaltungen – aber auch Auftragsangelegenheiten durchzuführen, wobei sie der Rechts- und Fachaufsicht übergeordneter Behörden unterliegen. Der Kommunalbeamte hat in diesen Bereichen selbständige Betätigungsmöglichkeiten; bei seinen Planungen und Entscheidungen steht er weit mehr als die Bundes- und Landesbeamten im Blickpunkt und der Kritik der Öffentlichkeit. Volljuristen finden als Rechtsräte, Magistratsräte, Verwaltungsräte, Stadträte – die Amtsbezeichnungen sind in den einzelnen Bundesländern sehr verschieden – mit entsprechenden Aufstiegsmöglichkeiten vielseitige Verwendung.

Aber auch die politischen Aufgaben in der Kommunalverwaltung werden zum großen Teil von Juristen bewältigt, die von den kom-

[91] Vgl. *K.-H. Müller,* Preußischer Adler und hessischer Löwe, Verlag Kultur und Wissen, Wiesbaden 1966, 420 f.

munalen Vertretungskörperschaften zu Landräten, Oberbürgermeistern, Bürgermeistern, Beigeordneten, Stadträten, Stadtdirektoren u. a. gewählt werden.

In der Kommunalverwaltung arbeitet der Jurist mit Kollegen aus den verschiedensten anderen Fachrichtungen zusammen, zum Beispiel mit Pädagogen, Medizinern, Veterinärmedizinern, Ingenieuren, Naturwissenschaftlern und Altertumswissenschaftlern. In Zusammenarbeit mit den anderen Disziplinen ist der Jurist nicht nur Vollstrecker von Gesetzen. Gerade die in der Kommunalverwaltung anfallenden Aufgaben kommen aus dem Alltag des Bürgers und müssen nach den Grundsätzen der Zweckmäßigkeit, Notwendigkeit und Angemessenheit entschieden werden. Der Verwaltungsbeamte hat hier nicht nur die Möglichkeit, sondern auch die Verpflichtung zu freier schöpferischer Gestaltung. Gerade hierin liegt das wesentliche Unterscheidungsmerkmal zur richterlichen Tätigkeit. Die Kommunalverwaltung hat wegen ihrer vielseitigen Aufgaben immer wieder Juristen stark angezogen; auch hier darf freilich nicht übersehen werden, daß für die Einstellung und Beförderung politische Beziehungen eine sehr große Rolle spielen.

i) Kommunale Spitzen- und Zweckverbände

Interessante, selbständige und meist sehr gut dotierte Positionen finden die Juristen auch bei den kommunalen Zweckverbänden – z. B. Schulverbänden, Verkehrsverbänden – und den kommunalen Spitzenverbänden – z. B. Deutscher Städtetag, Deutscher Gemeindetag und Deutscher Landkreistag –. Diese Verbände nehmen übergeordnete Aufgaben wahr, die von den einzelnen Kommunen alleine nicht bewältigt werden können. Als Bewerber kommen hier meist nur in der Kommunalverwaltung bereits erfahrene Beamte in Betracht.

j) Berufschancen in der Verwaltung

Abgesehen von der obenangeführten gesunden Konkurrenz zu Wirtschafts- und Sozialwissenschaftlern u. a. werden die Berufschancen in der Verwaltung vom tatsächlichen Bedarf an Beamten des höheren Dienstes beeinflußt. Die sofortige Aufnahme als Assessor in eine oberste Bundes- oder Landesbehörde – Ministerium – setzt überdurchschnittliche Examensergebnisse und meist auch schon bestehende Kontakte – persönliche oder politische Beziehungen – voraus. Normalerweise beginnt der Assessor seine Beamtenlaufbahn in einer Bundesoberbehörde – z. B. Bundesverwaltungsamt, Bundesverfassungsschutzamt, Bundeskartellamt – oder im sonstigen nachgeordneten Bereich der Bundesministerien – z. B. Finanz-, Zoll-, Bundesgrenzschutz-, Bundeswehrverwaltung – und im Landesbereich in den Regierungspräsidien, um später, wenn er sich qualifiziert hat, in das übergeordnete Ministerium berufen zu werden.

Bei den Innenministern und Finanzministern (-senatoren) des Bundes und der Länder kann man sich jederzeit bewerben, bei den anderen Ministerien und in der Kommunalverwaltung sollte man die Stellenanzeigen in den Tages- und Wochenzeitungen und in den Fachzeitschriften verfolgen. In der Kommunalverwaltung sind die Einstellungs- und Beförderungsmöglichkeiten zur Zeit gut, bei der Auswahl der Bewerber und bei den Beförderungen spielt die Partei- und Konfessionszugehörigkeit und sonstige Beziehungen aber eine große Rolle.[92] Bei allen Verwaltungen können nachweisbare und durch Zeugnisse belegbare Spezialkenntnisse in Sprachen, Wirtschaftswissenschaften oder Datenverarbeitung eine Einstellung erleichtern.

3. Besondere Verwaltungen

a) Bundesfinanzverwaltung

Ein interessanter Berufsweg für an wirtschaftlichen Fragen interessierten Volljuristen bietet die Finanzverwaltung des Bundes und der Länder, die sich in Steuer-, Zoll- und Vermögensverwaltung gliedert. Die Finanzverwaltung erfüllt zwei große Funktionen: Im Bereich der Zollverwaltung steht der Schutz der Wirtschaft durch die Erhebung von Eingangsabgaben, insbesondere Zöllen und Agrarabschöpfungen, im Vordergrund der Aufgaben. Die Zollverwaltung ist im gemeinsamen Markt Europas nicht überflüssig geworden, ihre Aufgaben haben sich jedoch geändert. Die Zölle schützen die Wirtschaft vor ausländischen Billigpreiswaren. Auf Agrarprodukte werden Abschöpfungen erhoben. Ihr Spiegelbild sind Erstattungen, die die Wettbewerbsfähigkeit deutscher Waren auf dem Weltmarkt fördern sollen. Im Bereich der Zölle, Verbrauchsteuern und Monopole nimmt die Bundeszollverwaltung jährlich 40 Milliarden DM ein, das sind rund ein Drittel des Bundeshaushalts; hiervon entfallen allein 23 Milliarden DM auf die Verbrauchsteuern, wie Mineralöl- und Tabaksteuer.

In allen Bereichen der Finanz- und Steuerverwaltung hat der Jurist auf die Gleichmäßigkeit der Abgabenerhebung zu achten, die Tätigkeit der unterstellten Dienststellen zu koordinieren, zu überwachen und Kontakte zu Interessenverbänden und Kammern zu halten. Die Tätigkeit der Juristen in der Finanzverwaltung erfordert Kenntnisse auf den verschiedensten Rechtsgebieten, die mit

[92] Vgl. auch *Lambert*, JuS 1971, 606 f.

Verständnis für volks- und betriebswirtschaftliche Probleme gekoppelt sein müssen.

Zu Beginn ihrer Laufbahn nehmen die zu Regierungsassessoren oder Finanzassessoren ernannten Probebeamten beim Bund und den Ländern an einer achtzehnmonatigen Einarbeitung in das Steuerrecht und das Finanzwesen teil. Weitere drei Monate werden in der Bundesfinanzakademie in Siegburg bei Bonn verbracht; das bedeutet, daß der Regierungsassessor in den ersten beiden Jahren seiner Tätigkeit fast nur informatorisch beschäftigt bzw. fortgebildet wird. Nach Ablauf der Probezeit werden die jungen Juristen als Sachgebietsleiter und Vorsteher von Finanzämtern, Hauptzollämtern oder Bundesvermögensstellen, als Hilfsreferenten und Referenten in einer Oberfinanzdirektion oder als Hilfsreferenten im Bundesfinanz- und Wirtschaftsministerium verwendet. Im Ministerium wirkt der Beamte auch an legislatorischen Aufgaben mit.

Die Bundesfinanzverwaltung hat rund 34 000 Bedienstete; aus dieser Zahl ergibt sich schon der relativ große Bedarf an Juristen. Vom Regierungsrat geht der weitere Berufsweg über den Oberregierungsrat, Regierungsdirektor, Leitenden Regierungsdirektor oder Ministerialrat, Finanzpräsidenten, Ministerialdirigenten zum Ministerialdirektor und Staatssekretär. Sprachbegabten Juristen bietet sich auch die Chance eines Einsatzes im internationalen Bereich, zum Beispiel der EWG oder des GATT. Auch die Richter der Finanzgerichtsbarkeit rekrutieren sich weithin aus dem Kreis der Beamten der Finanzverwaltung. Nicht übersehen werden sollte die Möglichkeit, mit dem in der Finanzverwaltung erworbenen Wissen sich als Steuerberater selbständig zu machen oder eine leitende Position in der Wirtschaft einzunehmen.

Der Eintritt in die Finanzverwaltung des Bundes und der Länder bietet also einen besonders breiten Fächer von Berufsmöglichkeiten, der allen an diesem besonderen Fachgebiet interessierten Juristen wegen seiner Vielseitigkeit und Wirtschaftsnähe empfohlen werden kann.

Bewerbungen nehmen das Bundeswirtschafts- und Finanzministerium, 53 Bonn, Postfach, die Finanzministerien (-senatoren) der Bundesländer und die Oberfinanzdirektionen[93] laufend entgegen.

b) Deutsche Bundesbahn

Die Deutsche Bundesbahn hat ihre Rechtsgrundlage im Bundesbahngesetz in der Fassung vom 6. 3. 1969 (BGBl. I, 191 ff.). Aufgrund dieses Gesetzes ist sie ein nicht rechtsfähiges Sondervermögen

[93] In Berlin, Bremen, Düsseldorf, Frankfurt/Main, Freiburg, Hamburg, Hannover, Karlsruhe, Kiel, Koblenz, Köln, München, Münster, Neustadt a. d. W., Nürnberg, Saarbrücken und Stuttgart – alle Postfach.

des Bundes, das nach kaufmännischen Grundsätzen zu verwalten ist. Die Deutsche Bundesbahn kann unter ihrem Namen handeln, klagen und verklagt werden, untersteht der Aufsicht des Bundesministers für Verkehr und ihre Beamten sind unmittelbare Bundesbeamte (§ 19 Bundesbahngesetz). Die Bundesbahn beschäftigt aufgrund ihrer besonderen Aufgabenstellung neben Wirtschafts- und Ingenieurwissenschaftlern, die einen eigenen Referendardienst abzuleisten haben, kaufmännisch denkende und auf geschlossene Verwaltungsjuristen. Der Verkehrsdienst – kommerzieller Dienst – (Beförderungsverträge, Tarife, Verkehrsbewertungen), der Personaldienst (Beamte, Angestellte, Arbeiter, Ausbildungswesen), der Finanzdienst (gesamtes Finanzgebaren) und der administrative Dienst (Rechtsfragen, Grundstücksangelegenheiten, gewerbliche Nebenbetriebe, Haftpflichtangelegenheiten) bieten dem Juristen ein weitgestrecktes Tätigkeitsfeld.

Der Jurist ist bei der Deutschen Bundesbahn in leitender Stellung tätig und hat weitgehendste Weisungsbefugnisse. Die Fähigkeit zu geschickter Verhandlungs- und Menschenführung sowie Organisationsgeschick werden daher als unabdingbar vorausgesetzt. Der Werdegang des höheren Bundesbahnbeamten führt zunächst über einen neunmonatigen Einführungslehrgang in das Eisenbahnwesen, einer möglichst umfassenden Aus- und Fortbildung als wissenschaftlicher Mitarbeiter eines einschlägigen Dezernenten einer Bundesbahndirektion, eines Bundesbahnzentralamts oder des Bundesbahnsozialamts zu einer Tätigkeit als Hilfsdezernent mit eigenem Verantwortungsbereich. Nach mehrjähriger Bewährung als Hilfsdezernent wird dem Beamten ein selbständiges Dezernat übertragen. Damit tritt er in den Kreis der Bundesbahnbeamten ein, die für die laufende Geschäftsführung im Verwaltungsdienst der Bundesbahn verantwortlich sind. Der Jurist kann hier über den Bundesbahnrat/Oberrat zum Bundesbahndirektor, Abteilungspräsidenten oder Ministerialrat zum Präsidenten einer Bundesbahndirektion aufsteigen.

Die Bundesbahn legt großen Wert darauf, daß ihre Beamten des höheren Dienstes am Anfang ihrer Laufbahn ihr Tätigkeitsfeld häufig wechseln, um sie in die Lage zu versetzen, auf jedem Posten so eingesetzt werden zu können, daß sie an verantwortlicher Stelle die unternehmerisch richtige Entscheidung treffen. Zu diesem Zweck findet auch ein reger Austausch der Bundesbahnassessoren beziehungsweise Bundesbahnräte z. A. mit Beamten der anderen europäischen Eisenbahnverwaltungen statt; auf die Beherrschung der Eisenbahnsprache „Französisch" und anderer Fremdsprachen wird daher großer Wert gelegt. Besonders interessante Tätigkeiten bieten die Aufgaben der Generalvertreter der Deutschen Bundesbahn in Basel, Brüssel, Kopenhagen, Luxemburg, Mailand, New York, Paris,

Rotterdam, Stockholm und Wien (verbunden mit durch die Auslandszulagen wesentlich erhöhten Bezügen).

Nähere Auskünfte über die Tätigkeit bei der Deutschen Bundesbahn erteilt der Vorstand der Deutschen Bundesbahn, 6 Frankfurt am Main, Friedrich-Ebert-Anlage 43–45.

c) Deutsche Bundespost

Die Deutsche Bundespost hat ihre Rechtsgrundlage im Postverwaltungsgesetz in der Fassung vom 20. 8. 1960,[94] dem Gesetz über die vermögensrechtlichen Verhältnisse der Deutschen Bundespost vom 21. 5. 1953[95] und im Gesetz über das Postwesen vom 28. 7. 1969.[96] Nach diesen Gesetzen ist die Verwaltung des Post- und Fernmeldewesens Bundesverwaltung. Das Vermögen der Post ist nicht mehr ein Sondervermögen, sondern unmittelbares Vermögen der Bundesrepublik Deutschland. Die Deutsche Bundespost kann allerdings im Rechtsverkehr unter ihrem Namen handeln, klagen und verklagt werden. Sie ist ihrer Größe und ihren Umsätzen nach eines der bedeutendsten Verkehrsunternehmen der Welt.

Die bei der Bundespost tätigen Beamten sind unmittelbare Bundesbeamte (§ 23 Postverwaltungsgesetz). Juristen finden neben Wirtschafts- und Ingenieurwissenschaftlern (die anders als die Juristen eine spezielle Referendarzeit ableisten), im höheren Postdienst vielseitigste Verwendungsmöglichkeiten. Die Beamten des höheren Postdienstes gehören zu den Führungskräften des Unternehmens. Juristische Assessoren befassen sich nach einer einjährigen speziellen Einführung in den Postdienst in erster Linie mit Betriebsfragen, Haushalts-, Personal- und Organisationsangelegenheiten. Sie haben im Verwaltungsdienst grundsätzliche Entscheidungen zu treffen und übergeordnete Aufgaben in der Arbeitsvorbereitung und -organisation sowie in der Erfolgskontrolle zu erfüllen. In ihren Funktionen als Abteilungsleiter und Amtsvorsteher von Postämtern, als Referenten und Abteilungsleiter in Oberpostdirektionen sowie im aufsichtsführenden Bundesministerium können sie vom Postrat zum Oberpostrat, Oberpostdirektor, Abteilungspräsidenten und Ministerialrat befördert werden. Einzelne für Leitungsfunktionen befähigte Beamte können in noch höhere Ämter der Unternehmensspitze bis in das „Topmanagement“[97] der Bundespost gelangen, zum Beispiel als Präsidenten oder Vizepräsidenten der Oberpostdirektionen.

Es wäre auch denkbar, daß ein Jurist mit erster Staatsprüfung

[94] BGBl. I, 705 ff.
[95] BGBl. I, 225 ff.
[96] BGBl. I, 1006 ff.
[97] Eigener Ausdruck der Bundespost.

sich wie die jungen Wirtschaftswissenschaftler um die Einstellung als Postreferendar für den Vorbereitungsdienst bei der Bundespost bewirbt. Erfahrungen über die Reaktion der Bundespost auf solche Bewerbungen liegen allerdings nicht vor.

Des weiteren sucht die Bundespost Volljuristen als Dozenten für den Fachbereich Recht ihrer Ingenieurakademien – später Fachhochschulen –.[98] Voraussetzung ist die Befähigung zum höheren Verwaltungsdienst und eine nach dem Erwerb dieser Befähigung liegende, mindestens zweijährige für eine Lehrtätigkeit förderliche praktische Tätigkeit. Die Stellenanzeigen der Bundespost bieten Einstellungen als Postrat beziehungsweise Oberpostrat; aber auch die Deutsche Bundespost wird sich insoweit bald an die günstigere Hochschullehrerbesoldung der Fachhochschulen angleichen müssen.[99]

Auskünfte über die Berufsmöglichkeiten bei der Deutschen Bundespost erteilen das Bundespostministerium, 53 Bonn, Postfach, und die Oberpostdirektionen (in Berlin Landespostdirektion).

d) Arbeits- und Sozialverwaltung

Die Bundesanstalt für Arbeit in Nürnberg und die Bundesversicherungsanstalt für Angestellte in Berlin sind selbständige, d. h. rechtsfähige Körperschaften des öffentlichen Rechts und gehören zur mittelbaren Staatsverwaltung. Wie die Kirchen, die Industrie- und Handelskammern, die Rentenversicherungsträger der Arbeiter und die Unfallversicherungsträger (Berufsgenossenschaften) und allgemeinen Ortskrankenkassen haben sie Dienstherreneigenschaft, d. h. sie können selbst Beamte ernennen und entlassen. Die genannten Körperschaften stellen Juristen als Verwaltungsassessoren oder Verwaltungsräte z. A. ein. Die Aufstiegschancen sind die gleichen wie sonst im öffentlichen Dienst und gehen bis zu sehr hohen Besoldungsgruppen. Die Aufgaben der genannten Körperschaften sind jedoch sehr speziell; aufgrund dieser Spezialisierung ist ein späterer Wechsel zu anderen Dienstherren schwieriger.

Der Bundesanstalt für Arbeit ist die Arbeitsvermittlung und die Arbeitslosenversicherung gesetzlich übertragen. Sie führt einen eigenen Vorbereitungsdienst für die Laufbahn des höheren allgemeinen Verwaltungsdienstes durch. Die Referendarausbildung ist jedoch nur für Wirtschafts- und Sozialwissenschaftler bestimmt und endet mit einer zweiten Staatsprüfung. Der Bedarf an Juristen wird aus dem Bewerberkreis der Volljuristen ausgewählt. Die Arbeitsverwaltung hat sehr vielfältige Aufgaben und bietet im Hinblick auf ihren

[98] Stellenausschreibung in der FAZ vom 23. 1. 1971, S. 37.
[99] Vgl. unten 3 III 2.

sehr großen Geschäftsbereich – Hauptstelle in Nürnberg, Landesarbeitsämter und Arbeitsämter – gute berufliche Entwicklungsmöglichkeiten.

Interessante Aufgaben werden in der Zentralstelle für Arbeitsvermittlung (ZAV) in Frankfurt am Main bearbeitet, einer besonderen Dienststelle der Bundesanstalt für Arbeit, die für die Arbeitsberatung und -vermittlung akademisch ausgebildeter Bewerber zuständig ist. Bei der ZAV besteht eine eigens für Juristen eingerichtete Verwaltungsstelle, die einen guten Überblick über die jeweiligen Chancen für juristische Berufe hat. Insoweit sei auf die sehr gründliche Übersicht von Verwaltungsoberrat *Gerd Lambert*[100] verwiesen.

Die Bundesversicherungsanstalt für Angestellte (BfA) in Berlin ist eine Körperschaft mit über 10 000 Bediensteten. Als größter Rentenversicherungsträger Deutschlands sei sie als Beispiel für eine mittelbare Bundesverwaltung genannt, die jährlich einen sehr großen Bedarf an Juristen mit zweiter Staatsprüfung hat. Auch hier stehen den Juristen Aufstiegsmöglichkeiten vom Verwaltungsrat bis zu den leitenden Positionen offen. Bundesversicherungsanstalt und Landesversicherungsanstalten stellen neben Angestellten Beamte ein. Die übrigen Sozialversicherungsträger beschäftigen neben den Tarifangestellten (BAT) sogenannte Dienstordnungs-(DO-)Angestellte. Diese DO-Angestellten haben ähnliche Rechte wie Beamte, sie werden nach einer Probezeit von zwei Jahren auf Lebenszeit eingestellt und erhalten Gehälter, die sich an die Besoldungsordnungen des Bundes und der Länder anlehnen. Rentenversicherungs- und Unfallversicherungsträger bieten somit Juristen vielfältige Aufgaben und überdurchschnittliche berufliche Entwicklungsmöglichkeiten. Bewerbungen sind an die ZAV in Frankfurt, Postfach, zu richten. Des weiteren bietet der Stellenmarkt in Tages-, Wochen- und Fachzeitschriften ein reichliches Angebot an interessanten Positionen.

e) Bundesnachrichtendienst und Verfassungsschutz

Der Bundesnachrichtendienst (BND) in München-Pullach, der dem Bundeskanzleramt unmittelbar unterstellt ist, hat im Jahre 1971 durch eine Serie in der Zeitschrift „Der Spiegel" und durch die Memoiren seines Gründers *Reinhard Gehlen*[101] Schlagzeilen gemacht. Er ist dadurch etwas mehr in den Blickpunkt der Öffentlichkeit getreten, als es seiner Leitung angenehm ist. Der BND hat den Auslandsnachrichtendienst zu versehen und durch Informationen politischer, wirtschaftlicher, technischer und miltiärischer

[100] JuS 1971, 605 ff.

[101] *Reinhard Gehlen*, Der Dienst, v. Hase und Köhler Verlag, Mainz–Wiesbaden, 1971.

Art aus dem Ausland die Bundesregierung auf dem laufenden zu halten.

Der BND hat einen großen Beamtenapparat mit guten Einstellungs- und Beförderungschancen. Genauere Angaben können allerdings nicht gemacht werden, da der BND auf eine entsprechende Anfrage des Verfassers nicht geantwortet hat. Bewerbungen sollten interessierte Juristen unmittelbar an das Bundeskanzleramt in 53 Bonn, Postfach, richten.

Der Inlandsnachrichtendienst liegt in den Händen des Bundesamtes und der Landesämter für Verfassungsschutz,[102] die den Innenministern unterstehen. Der Verfassungsschutz hat die Aufgabe, Störungen der verfassungsmäßigen Ordnung des Bundes und der Länder zu verhindern. Diese Aufgaben sind überwiegend juristischer Natur, so daß in diesem Bereich ein großer Bedarf an Juristen besteht. Das Bundesamt für Verfassungsschutz in Köln, Postfach, steht zu Auskünften zur Verfügung. Aufstiegsmöglichkeiten bestehen im Bundesnachrichtendienst und in den Verfassungsschutzämtern vom Regierungsrat über den Oberregierungsrat, Regierungsdirektor, leitenden Regierungsdirektor, Abteilungspräsidenten, Vizepräsidenten zum Präsidenten der genannten Behörden.

III. Der Jurist in der Wirtschaft

1. Wirtschaft im engeren Sinne

a) Berufsmöglichkeiten in der Wirtschaft

Die Wirtschaft bietet für Juristen ein breites Betätigungsfeld. Man schätzt, daß ungefähr 20 000 Juristen in der Wirtschaft tätig sind,[103] eine Zahl, die wahrscheinlich zu niedrig angesetzt ist. Diese Juristen sind einmal als Berater mittlerer Unternehmen tätig, wobei diese Beratung umfassend sein muß und vom Personalwesen über Gesellschaftsrecht bis hin zum Steuerrecht geht. Weiter können Juristen Liegenschaftsbearbeiter in Großunternehmen sein, wobei umfassende Spezialkenntnisse des Immobilien- und Steuerrechts erforderlich sind. Schadensregulierer bei Versicherungen, eine weitere Berufsmöglichkeit für Juristen, arbeiten nahezu wie Staatsanwälte, indem sie den sachlichen und rechtlichen Verlauf von Schadensfällen aufklären. Berufsziel eines jeden Wirtschaftsjuristen ist jedoch der Top-Manager, zum Beispiel der Generaldirektor oder das Vorstandsmitglied von Großunternehmen, also Positionen, aus denen heraus wirtschaftliche Entscheidungen mit großer Breitenwirkung getroffen werden.

[102] Vgl. Gesetz vom 27. 9. 1950, BGBl. 1950 I, 682 ff.
[103] *Raseborn,* NJW 1970, 1170.

Die obige nur beispielhafte Aufzählung zeigt, daß der Jurist schon am Beginn seiner Wirtschaftslaufbahn entweder den Weg in eine Rechtsabteilung oder in eine Geschäftsleitung, d. h. die eigentliche kaufmännische Praxis, einschlagen muß. Diese beiden Wege stehen nicht frei zur Wahl: Der Weg in die Geschäftsleitung öffnet sich nur einem kleinen Teil besonders qualifizierter oder mit Verbindungen ausgestatteter Juristen.

b) Kaufmännischer Bereich

Der Eintritt in den kaufmännischen Bereich eines Wirtschaftsunternehmen setzt mehr als nur den Nachweis der beiden juristischen Staatsexamen und der Doktorprüfung voraus. Für das Rechnungswesen, die Organisation, die Verwaltung und den Ein- und Verkauf eines Wirtschaftsunternehmens bringt der Jurist aufgrund der nur auf die Justiz bezogenen Ausbildung nicht die erforderlichen Voraussetzungen mit. Er muß – abgesehen von fließender Kenntnis wenigstens einer Fremdsprache – sich zusätzlich mit Bilanz-, Finanzwesen und Personalführung beschäftigen, um mit den Wirtschaftswissenschaftlern konkurrieren zu können. Da nur wenige Juristen diese Voraussetzungen, d. h. eine zusätzliche Ausbildung mitbringen,[104] sind nur noch 3% der leitenden Angestellten in der Wirtschaft Juristen.[105] Der Anteil der Juristen in leitenden Funktionen der Wirtschaft ist ständig zurückgegangen.[106]

Die erforderliche zusätzliche Ausbildung kann der junge Jurist in Trainee-Kursen erhalten. Die großen Tages- und Wochenzeitungen[107] enthalten laufend entsprechende Stellenanzeigen der Industrie. Hier werden junge Akademiker aller Fachrichtungen gesucht, die sich auf verantwortungsvolle Aufgaben im Management vorbereiten wollen, indem sie ihre guten theoretischen Kenntnisse durch eine praxisorientierte Allround-Ausbildung ergänzen. Bei einem großen Konzern lernen die jungen Akademiker in 15 Monaten die Funktionsbereiche Produktion, Administration, Marketing und Verkauf kennen, und zwar in Kursen, Seminaren und durch praktische Mitarbeit. Danach erhalten die zukünftigen Manager die Chance, für ein bis zwei Jahre ins Ausland zu gehen. Das Nettogehalt ist mit 1500 bis 2000 DM durchaus attraktiv. Das breit gefächerte Kursangebot und die regelmäßigen Beurteilungsgespräche helfen den angehenden Wirtschaftsfachleuten ein Wissen zu erhalten, das ihnen nicht nur in dem das Trainee-Programm durchführenden, sondern auch in anderen Unternehmen gute Berufschancen eröffnet.

104 Vgl. *Woeste*, NJW 1969, 1756 ff.; *Prost*, NJW 1967, 17 ff.
105 *Lambert*, JuS 1971, 607.
106 *Ramm*, S. 38 f.
107 Z. B. Die Zeit 1971, Nr. 38 und Nr. 46.

Juristen mit Initiative, Organisationstalent und Fähigkeit zum analytischen Denken, die nicht älter als 28 Jahre alt sein dürfen, sollten diesen Weg in die Wirtschaft beschreiten, in der die Karriere tatsächlich allein auf Training und Leistung basiert. Es darf aber nicht verkannt werden, daß Erfolg nur der haben wird, der Durchsetzungs- und Durchhaltevermögen und eine große Belastbarkeit besitzt.

Daneben gibt es ein kaum noch übersehbares Angebot an Managerkursen; am bekanntesten sind die Seminare der Akademie für Führungskräfte der Wirtschaft in Bad Harzburg. Es gibt auch berühmte ausländische Schulen, wie die Harvard-business-school oder die INSEAD in Fontainebleau, mit Kursen, die allerdings einen großen finanziellen eigenen Aufwand verursachen. Die deutschen Universitäten bieten leider noch keine vergleichbaren Kurse an, im Gegenteil scheint die Universitätsausbildung der Juristen und Wirtschaftswissenschaftler für die Wirtschaft immer unbrauchbarer zu werden.

c) Rechtsabteilungen

Rechtsabteilungen in Wirtschaftsunternehmen sind naturgemäß das eigentliche Arbeitsfeld der Juristen. Die Juristen sind Daueranwälte ihrer Unternehmen und müssen einen umfassenden Beratungs-Service bieten; sie haben aufkommende Streitfragen zu lösen oder noch besser zu helfen, Streitfragen überhaupt zu vermeiden. Dabei müssen die Juristen der Rechtsabteilungen den einer Fragestellung zugrunde liegenden Sachverhalt in seiner wirtschaftlichen Tragweite erfassen und mehrere juristische Alternativen entwickeln. Erfolgreiche Arbeit in der Rechtsabteilung kann durchaus der Beginn einer Karriere in der Wirtschaft sein, wenn dem Vorstand eines Wirtschaftsunternehmens ein Jurist durch sein kaufmännisches Denken auffällt und er ihn daher in den eigentlich kaufmännischen Bereich übertreten läßt. Gemessen an der Zahl der in Rechtsabteilungen tätigen juristischen Mitarbeiter ist dieser Sprung jedoch – ebenso wie der Aufstieg zum Leiter der Rechtsabteilung – nicht häufig.[108] Für viele Juristen erweist sich die Rechtsabteilung als Sackgasse, aus der wiederum nur die Eigeninitiative entfaltenden Juristen durch rechtzeitigen Berufswechsel herausfinden.

d) Personalwesen

Im Personalwesen der Wirtschaftsunternehmen sind die Chancen für Juristen mit Führungseigenschaften und Spezialkenntnissen im Arbeits- und Sozialrecht noch gut, obwohl auch in dieser Tätigkeit

[108] *Lambert,* JuS 1971, 607.

der Jurist mit verstärkter Konkurrenz der Wirtschafts- und Sozialwissenschaftler rechnen muß. Nur noch ein Drittel der Posten wird heute von Juristen besetzt, vor nicht allzu langer Zeit waren es noch mehr als die Hälfte.[109] Personalpolitik und -führung bekommen in der Wirtschaft eine wachsende unternehmenspolitische Bedeutung und bieten gerade den Juristen interessante Betätigungsfelder. Personalchefs, die nicht zu einer Zusatzausbildung in Fächern der Wirtschafts- und Sozialwissenschaften bereit sind, müssen jedoch auch hier mit einer beträchtlichen Einschränkung ihrer Aufstiegsmöglichkeiten rechnen.

e) Konkurrenz von Akademikern anderer Fachrichtungen

Auf dem Arbeitsmarkt der Manager der Wirtschaft ist heute der junge Diplom-Kaufmann und der Diplom-Volkswirt am meisten, häufiger auch der Wirtschaftsingenieur, weniger der Jurist, der Diplom-Soziologe und der Diplom-Politologe und hin und wieder der Diplom-Ingenieur gefragt, wenn der Bewerber Ambitionen für das Management mitbringt.[110] Die Ausbildung des Volljuristen, die von den Erfordernissen der Justiz geprägt wird, prädestiniert den Juristen zunächst nicht für einen erfolgreichen Einsatz in der Wirtschaft. Daher versagen gerade Juristen mit guten Prädikaten häufig in Aufgabenstellungen der Wirtschaft.

Der Jurist hat jedoch keinen Grund, die Konkurrenz anderer Fakultäten, insbesondere der Wirtschafts- und Sozialwissenschaften, zu fürchten; denn er lernt, Sachverhalte richtig und schnell zu erfassen, objektiv zu werten und gegebene Verpflichtungen zu berücksichtigen. Ferner wird in der juristischen Ausbildung die Bereitschaft geschult, schnelle und überlegte Entscheidungen zu treffen. Dies sind Anforderungen, die in Führungsfunktionen geleistet werden müssen. Fähigkeit zur Kooperation und zur Aneignung von Kenntnissen aus anderen Fachgebieten zeichnen einen großen Teil der Juristen aus. Die Vorteile der derzeitigen Juristenausbildung sind darin zu sehen, daß sie eine Menge Ansatzmöglichkeiten bietet, anschließend in der Praxis zu arbeiten.[111]

Es darf jedoch nicht verkannt werden, daß die derzeitige von den Anforderungen der Justiz geprägte Juristenausbildung eben nicht die typische, naheliegendste und geeignetste Vorbereitung für eine kaufmännische Tätigkeit ist. Neben dem allgemeinen Fundus der juristischen Schulung wird eine natürliche Begabung verbunden mit

[109] Die Zeit v. 2. 7. 1971, 39.
[110] „Rheinischer Merkur" Nr. 3, 1971, zitiert in: DRiZ 1971, 65.
[111] Vgl. auch *H. A. Wieacker,* Die Bedeutung der Verwaltungsausbildung der Juristen in der Wirtschaft, Schriftenreihe der Hochschule Speyer, Band 26, 136 ff.

zusätzlichen Ausbildungswegen ausschlaggebend sein, um eine Synthese zwischen juristischer Ausbildung und kaufmännischer Praxis mit Erfolg für beide Seiten zu finden.

Als *Franz Heinrich Ulrich,* heute Sprecher der Deutschen Bank, im Jahre 1936 in die Bank eintrat, wollte der gelernte Jurist „kaufmännisch" tätig werden. Der Personalchef bedeutete ihm, daß er damit die gesicherten Chancen einer geregelten juristischen Laufbahn (zum Beispiel in einer Rechtsabteilung) verlasse, um sich einer beruflichen Zukunft zuzuwenden, in der es ausschließlich auf die eigene Tüchtigkeit und auch auf das Glück ankomme. *Ulrich* ließ sich von seinen Plänen nicht abbringen. Seine Karriere schreibt der heute 61jährige Wirtschaftsjurist zu einem großen Teil dem Fleiß zu; er tritt der These entgegen, daß ein Avancement nur mit Intelligenz möglich sei.[112] Dieses eine Beispiel sei als nachahmenswert für Juristen genannt, die juristisches Können mit Eigeninitiative, Mut zum Risiko und Willen zum Einsatz aller Kräfte vereinigen.

Die immer komplizierter werdende Entwicklung der Wirtschaft verbunden mit staatlichen Planungen, Unterstützungen und Interventionen werden den Umfang des Wirtschaftsrechts anwachsen lassen und verändern. Die damit notwendigen Anpassungen, das Umdenken und Dazulernen sind dem Juristen, sei er nun als freier Rechtsanwalt, als Syndikusanwalt oder leitender Angestellter der Wirtschaft tätig, nicht neu. Wichtig ist nur, daß die Juristen ständig bereit sind, Herausforderungen anzunehmen und die von der Wirtschaft geforderten Leistungen zu erbringen, bevor andere, nur kaufmännisch orientierte und anpassungsfähigere Berufsgruppen die Chancen nutzen.[113]

2. *Verbands-, Versicherungs- und Verlagswesen*

a) Verbände

Zu den Wirtschaftsjuristen zählen auch die Verbandssyndici, die als Geschäftsführer oder Justitiare von Industrie-, Arbeitgeber- und Berufsverbänden, Gewerkschaften, politischen Parteien, Industrie- und Handelskammern,[114] Handwerkskammern u. a. tätig sind. Hier bietet sich ein weiter Tätigkeitsbereich für Juristen, in dem Wirtschafts- und Sozialwissenschaftler ihnen nur wenig Konkurrenz machen können. Diese Tätigkeit der Wahrnehmung der Interessen der gewerblichen Wirtschaft und bestimmter Berufe ist außerordentlich interessant. Gutes Verhandlungsgeschick und Ausdauer sind für die sich häufig im vorparlamentarischen Raum abspielende Einflußnahme auf den Gesetzgeber – Lobbyismus – erforderlich.[115]

[112] „Zeitmagazin" Nr. 48 v. 26. 11. 1971, S. 24 f.
[113] *Rabe,* NJW 1971, 1388.
[114] Vgl. *Honig,* JuS 1964, 251 f.
[115] *Saacke,* S. 21 f.

Verfolgt man den Anzeigenmarkt, so ergibt sich in diesem Bereich für Juristen, die nicht in den öffentlichen Dienst, aber auch nicht in die eigentliche freie Wirtschaft gehen wollen, vielseitige und meist auch gesicherte Berufschancen.

b) Versicherungen

Die Versicherungswirtschaft hat in den letzten Jahrzehnten eine außerordentliche Bedeutung gewonnen. Die Entwicklung der Technik hat die Risikomöglichkeiten enorm anwachsen lassen. In den leitenden Funktionen und in den Schadensregulierungsabteilungen werden sehr viele Juristen beschäftigt. Sie bearbeiten insbesondere Großschäden und Prozesse. Die Arbeitsplätze sind in den Versicherungen im allgemeinen sicherer als in anderen konjunkturempfindlicheren Wirtschaftszweigen, dafür sind die Durchschnittseinkommen auch etwas geringer als in der übrigen Wirtschaft.

Bei Versicherungen werden in Sachbearbeiterpositionen viele Juristen beschäftigt, die in der ersten oder zweiten Staatsprüfung gescheitert sind.[116]

c) Journalist im Pressewesen

Jährlich werden in der Bundesrepublik Deutschland rund 500 Nachwuchsjournalisten für die Lokal- und Zentralredaktionen der Presse, des Rundfunks und des Fernsehens, aber auch für die Pressestellen von Behörden und Unternehmen benötigt. Bedarfsanalyse und Berufswelt sind jedoch ebenso diffus wie die Vorstellungen über die journalistische Ausbildung. Bestehende Ausbildungsgänge entbehren sowohl der Systematik als auch der Effizienz. Der Abiturient hat die Wahl zwischen:[117]

1. Zweijähriger Volontärzeit an einer Zeitung bei überlasteten Redakteuren mit zusätzlichen ein- bis fünfwöchigen Lehrgängen beim Deutschen Institut für publizistische Bildungsarbeit in Düsseldorf, der bayerischen Journalistenschule in Augsburg, des Vereins südwestdeutscher Zeitungsverleger in Baden-Baden, der deutschen Journalisten-Union in Stuttgart oder der Akademie für Publizistik in Hamburg.
2. Vollständiger journalistischer Ausbildung in der Deutschen Journalistenschule (8 München 2, Altheimer Eck 2, 15 Monate Ausbildungsdauer), in der Kölner-Schule – Institut für Publizistik e. V. (5038 Rodenkirchen bei Köln, Gut Schillingsrott, 8-semestrige Ausbildung) oder dem Nachwuchsstudio des Norddeutschen Rundfunks (2 Hamburg 13, Rothenbaumschaussee 132/134), das den Unterricht nach längerer Unterbrechung voraussichtlich im Jahre 1973 wiederaufnehmen wird.
3. Am besten ist für einen Journalisten, der mehr als ein Lokalredakteur werden will, immer noch ein abgeschlossenes Studium der Rechts-, Sozial-, Wirt-

[116] Vgl. unten 4. Teil, I 2 (Aussichten in der Wirtschaft).
[117] Vgl. *M. Montag,* in: „Die Zeit" 1972, Nr. 34 v. 24. 8. 1972, S. 29.

schafts- oder Naturwissenschaften verbunden während des Studiums mit Ferienpraktika bei der Presse. Das Studium an den Instituten für Publizistik, zum Beispiel an den Universitäten Bochum, Göttingen, Mainz, München, Münster oder Berlin ist weniger zu empfehlen, da über Gegenstand, Grenzen und Methoden dieses Studiums noch Unklarheit besteht.

d) Schriftleiter oder Lektor im Verlagswesen

Alle Verlags-Unternehmen benötigen Volljuristen zur Lösung der mannigfaltigsten Rechtsprobleme auf den Gebieten des Verlags-, Urheber-, Personal- und Steuerrechts. Für diese vielseitige Justitiartätigkeit werden in Stellenausschreibungen ständig gut qualifizierte Juristen möglichst mit Sprachkenntnissen gesucht.[118]

Die Verlags-Unternehmen, die zum großen Teil oder überwiegend juristische Werke und Zeitschriften herausgeben, suchen aber auch Schriftleiter und Lektoren zur verantwortlichen Betreuung ihrer Verlagsprogramme.[119] Für leitende Stellungen werden neben überdurchschnittlichen juristischen Kenntnissen insbesondere Organisationstalent, Führungsqualitäten und Initiative erwartet. Schriftleiter und Lektoren müssen juristisches Schrifttum kritisch würdigen, Publikationspläne entwickeln und geschickt mit Autoren umgehen können. Solche Positionen sind meist ihrer Bedeutung entsprechend dotiert und bieten gerade wissenschaftlich interessierten Juristen Gelegenheit zu vielseitiger Weiterbildung. Die Verlage ermöglichen meist eine nebenamtliche Lehrtätigkeit an Hochschulen oder die Ausübung des Rechtsanwaltsberufes.

Aber auch den Juristen, die in der ersten oder zweiten Staatsprüfung ohne Erfolg geblieben sind, bieten rechtswissenschaftliche Fachverlage Möglichkeiten einer Berufstätigkeit, die die in den glücklosen Ausbildungsweg investierten persönlichen und finanziellen Aufwendungen nicht als ganz nutzlos erscheinen läßt.

3. Steuerberater, Steuerbevollmächtigter

a) Berufsbild

Der Beruf des Steuerberaters, der zwischen den kaufmännischen und den juristischen Berufen einzuordnen ist, wird überwiegend in selbständiger Praxis ausgeübt; er ist daher mit dem Beruf des Rechtsanwalts vergleichbar und kann auch mit der Anwaltstätigkeit verbunden werden. Hauptaufgabe des Steuerberaters, der weder nur Jurist noch nur Kaufmann sein darf, ist die Beratung seiner Mandanten und ihre Vertretung vor Finanzbehörden und -gerichten.

[118] Vgl. NJW 1972, Heft 28, S. X.
[119] Vgl. NJW 1972, Heft 28, S. V, IX.

Der Steuerberater muß wie der Rechtsanwalt gegenüber dem Mandanten seine Unabhängigkeit wahren. Er darf nicht an Maßnahmen mitwirken, die eine Verletzung der Gesetze zur Folge haben würden. Wenn er sich gegenüber einem Auftraggeber in einem solchen Konfliktfalle nicht durchsetzen kann, gebietet ihm die Standespflicht, das Mandat zurückzugeben. Auch als Interessenvertreter darf daher der Steuerberater sich nicht in einer schrankenlosen Wahrnehmungen der Interessen der Steuerpflichtigen erschöpfen.[120]

Als Ausgleich bietet der Beruf des Steuerberaters für Juristen mit erster Staatsprüfung und besonderer finanzwissenschaftlicher Begabung eine von der Aufgabe und auch vom Einkommen her gesehen lohnende Aufgabe. Die Steuerberater und Wirtschaftsprüfer stehen nach den Ärzten in der „Rangliste“ der Durchschnittseinkommen an zweiter Stelle.[121]

b) Berufsvoraussetzungen

Der Steuerberater hat für seine Mandanten Steuererklärungen und -bilanzen aufzustellen. Die große Bedeutung des Steuerwesens und die für den Laien sehr komplizierte Steuergesetzgebung erfordern speziell ausgebildete und wirtschaftlich denkende Fachleute. Nach §§ 4 und 5 des Steuerberatungsgesetzes in der Fassung vom 11. 8. 1972[122] werden für diesen Beruf vorausgesetzt:

- ein mit Erfolg abgeschlossenes wirtschaftswissenschaftliches oder rechtswissenschaftliches Hochschulstudium; nicht gefordert, aber sehr wertvoll ist eine mit Erfolg abgeschlossene kaufmännische Lehre,
- eine dreijährige hauptberufliche praktische Tätigkeit auf dem Gebiet des Steuerwesens bei einem Steuerberater oder einer Steuerberatungsgesellschaft und
- eine staatliche Steuerberaterprüfung.

Ein weiterer Weg zum Beruf des Steuerberaters führt über die „mittlere Reife“, eine erfolgreich abgeschlossene Lehre in steuerberatenden, wirtschaftsberatenden oder kaufmännischen Berufen, eine zehnjährige hauptberufliche praktische Tätigkeit und ebenfalls die Steuerberaterprüfung. Auf die zehnjährige praktische Tätigkeit wird die vorgeschriebene Studienzeit eines Fachhochschulstudiums anerkannt.

[120] Vgl. *Lohmeyer,* Die steuerstraf- und bußgeldrechtliche Verantwortlichkeit der steuerberatenden Berufe, Verlag für Wirtschafts- und Steuerrecht, Schäffer und Co. GmbH, Stuttgart, 1971.

[121] Vgl. AnwBl. 1970, 313, und o. 1. Teil, IV 4 (Einkommen der freien Berufe).

[122] Zweites Gesetz zur Änderung des Steuerberatungsgesetzes in BGBl. I 1972, 1401; vgl. auch *Endriss,* Der Beruf des Steuerberaters, Verlag Neue Wirtschaftsbriefe, Herne, 1969.

c) Befreiung von der Steuerberaterprüfung

Nach § 8 des Steuerberatungsgesetzes können folgende Personen von der Prüfung befreit werden:

- Professoren, die an einer deutschen wissenschaftlichen Hochschule oder Fachhochschule mindestens fünf Jahre lang gelehrt haben,
- ehemalige Finanzrichter, die mindestens zehn Jahre auf dem Gebiete des Steuerwesens tätig gewesen sind,
- ehemalige Beamte und Angestellte des höheren Dienstes der Finanzverwaltung, der gesetzgebenden Körperschaften und der obersten Rechnungsprüfungsbehörden des Bundes und der Länder, die mindestens zehn Jahre auf dem Gebiete des Steuerwesens als Sachgebietsleiter oder in gleichwertiger Stellung tätig gewesen sind.

Die Finanzverwaltung sieht es naturgemäß nicht gerne, wenn sie die von ihr eingearbeiteten und im höheren Dienst tätigen Volljuristen in dem Augenblick verliert, in dem diese Nachwuchskräfte nach zehnjähriger Berufstätigkeit auf dem Höhepunkt ihrer Arbeitsintensität und Berufserfahrung angelangt sind. Aber gerade diese Beamten nehmen nur die Chance wahr, ihre Erfahrungen und ihr Können so teuer wie möglich zu verkaufen. Nun wenige von ihnen werden als Assessoren mit dem Vorsatz in die Finanzverwaltung eingetreten sein, nach zehn Jahren Beamtentätigkeit ohne eine weitere Prüfung in einen attraktiven freien Beruf einzutreten. Was nicht bedeutet, daß ein gezielter Berufsweg vom Beamten zum freien Beruf negativ zu beurteilen wäre.

d) Steuerbevollmächtigter

Mit dem zweiten Gesetz zur Änderung des Steuerberatungsgesetzes vom 11. 8. 1972 ist der Einheitsberuf des Steuerberaters verwirklicht worden. Es wird jedoch noch längere Zeit wie bisher auch Steuerbevollmächtigte geben. Einmal werden für einen begrenzten Zeitraum von acht Jahren noch diejenigen Berufsanfänger zu Steuerbevollmächtigten bestellt werden, die zur Zeit des Inkrafttretens des Gesetzes in der Berufsausbildung standen. Zum anderen werden nicht alle bisherigen Steuerbevollmächtigte die Chance nutzen, durch die erfolgreiche Teilnahme an einem speziellen Seminar die Voraussetzung für die Bestellung zum Steuerberater zu erfüllen.[123]

4. *Wirtschaftsprüfer*

Dem Beruf des Steuerberaters verwandt, aber doch ungleich schwieriger erreichbar, ist der Beruf des Wirtschaftsprüfers. Der Wirtschaftsprüfer wird öffentlich bestellt und vereidigt; er hat die vom Gesetz vorgeschriebenen Prüfungen unter anderem bei Aktien-

[123] Vgl. *Böttscher*, DStR 1972, 429 ff.

gesellschaften, Banken, Versicherungen, Staatsbetrieben, Genossenschaften durchzuführen. Über die Vornahme und das Ergebnis dieser Prüfungen erteilt er sogenannte Bestätigungsvermerke. Weiter führt der Wirtschaftsprüfer freiwillige Prüfungen – z. B. Bilanzprüfungen – durch und erstellt Gutachten beispielsweise über die Kreditwürdigkeit und Rentabilität von Betrieben, vor allem im Auftrage kreditgewährender Banken. Die Tätigkeit und das Aufgabengebiet des Wirtschaftsprüfers schließt die des Steuerberaters ein. Es liegt auf der Hand, daß dieser schwierige und verantwortungsvolle Beruf einer intensiven Vorbereitung bedarf. Das „Gesetz über eine Berufsordnung der Wirtschaftsprüfer" vom 24. 7. 1961[124] schreibt als Voraussetzung für die Bestellung zum Wirtschaftsprüfer vor:

- ein mit Erfolg abgeschlossenes wirtschaftswissenschaftliches, rechtswissenschaftliches oder auch technisches Hochschulstudium,
- sechsjährige praktische Tätigkeit, davon mindestens vier Jahre Prüfungstätigkeit und
- Prüfung vor einer staatlichen Prüfungskommission.

Die relativ wenigen Juristen, die diesen Beruf anstreben, haben es nicht sehr leicht, sich während der auf das Hochschulabschlußexamen folgenden praktischen Ausbildung für angehende Wirtschaftsprüfer die nötigen Fachkenntnisse anzueignen. Es ist für sie wichtig, sich schon vorher auf der Universität eingehend mit Betriebswirtschaftslehre zu beschäftigen oder eine gute kaufmännische Ausbildung absolviert zu haben. Die Prüfung zum Wirtschaftsprüfer ist eine der schwersten Prüfungen, die es in der Bundesrepublik überhaupt gibt; sie hat sehr hohe Durchfallsquoten (etwa ein Drittel). Den mit Erfolg geprüften Kandidaten winkt dafür als Lohn eine unabhängige und eigenverantwortliche Tätigkeit als freier Wirtschaftsprüfer, als Vorstandsmitglied, Prokurist oder Gesellschafter einer Wirtschaftsprüfungsgesellschaft. Er kann auch als angestellter Wirtschaftsprüfer eines genossenschaftlichen Prüfungsverbandes tätig werden.

Nicht nur an das Fachwissen, sondern auch an die persönliche Eignung werden in diesem Beruf, der nach Leistung, Verantwortung und auch Einkommen als ein wirtschaftlicher und akademischer Spitzenberuf anzusehen ist, sehr hohe Anforderungen gestellt. Die Aufgaben des Wirtschaftsprüfers haben insofern eine gewisse Ähnlichkeit mit den Aufgaben der mit richterlicher Unabhängigkeit ausgestatteten Beamten der Rechnungshöfe[125] oder sogar eines Richters, als auch der Wirtschaftsprüfer objektiv, unbeeinflußbar und unbestechlich die ihm vorgelegten Unterlagen kritisch prüfen und

[124] BGBl. 1961 I, 1049 ff.
[125] Vgl. unten 3. Teil, II 1 (Bundesrechnungshof und Landesrechnungshöfe).

sich in voller Unabhängigkeit sein Urteil bilden muß.[126] Der Umgang mit leitenden Persönlichkeiten der Wirtschaft setzt außerdem entsprechende Umgangsformen und den Takt voraus, angebrachte Kritik in angemessener, aber auch nachhaltiger Form eindeutig zum Ausdruck bringen zu können.

Zur sorgfältigen Berufsausbildung und der planmäßigen Vorbereitung auf das Wirtschaftsprüferexamen werden gute Studienlehrgänge angeboten. Es handelt sich dabei nicht nur um Repetitorien, d. h. Wiederholungsunterrichte, sondern um ein Fachstudium auf der Grundlage eines akademischen Abschlusses und vier- bis sechsjähriger Berufspraxis. Wirtschaftsrecht, Steuerrecht, Betriebswirtschaft, Volkswirtschaft, Prüfungswesen, Berufsrecht und wirtschaftliche Integration Europas stehen auf dem Unterrichtsprogramm. So dauert z. B. der vom Institut für Wirtschaftsprüfer empfohlene Studienlehrgang des Wirtschaftsprüfers *Dr. jur. Peter Goetze*[127] rund 20 Monate; dieser Studienlehrgang erfordert täglich ein bis zwei Stunden konzentrierte Arbeit und die Teilnahme an acht in Abständen von zwei bis drei Monaten aufeinanderfolgenden Studienwochen von sechs Tagen. Der gesamte Studienlehrgang kostet rund 2000 bis 3000 DM. Da im Wirtschaftsprüferexamen regelmäßig ein Drittel der Kandidaten durchfällt, ist eine planmäßige Vorbereitung unbedingt erforderlich. Die Universitäten sind zur Zeit nicht in der Lage, diese Aufgabe zu übernehmen, gewiß kein Ruhmesblatt deutscher Hochschulpolitik.

Die Ausbildung zum Wirtschaftsprüfer ist ein für kaufmännisch vorgebildete Juristen mit erster und erst recht mit zweiter Staatsprüfung sehr lohnendes Ausbildungs- und Berufsziel, zumal die Berufe des Wirtschaftsprüfers und des Rechtsanwalts miteinander vereinigt werden können.

IV. Der Jurist als Parlamentarier

1. Anteil der Juristen im Parlament

Der Deutsche Bundestag – ähnliches gilt auch für die Landtage der Bundesländer – ist mit jeder neuen Legislaturperiode seit 1949 immer „akademischer" geworden. Aus der Strukturgliederung des Deutschen Bundestages in seiner sechsten Wahlperiode ergibt sich, daß die Zahl der Akademiker von 128 in der ersten Wahlperiode

[126] Vgl. *Hoppe-Hutter*, S. 147.

[127] 62 Wiesbaden, Biebricher Allee 23 oder Postfach; vgl. auch *Peter Goetze*, Der Beruf des Wirtschaftsprüfers, Verlag Neue Wirtschaftsbriefe, Herne, 1968.

auf 260 von 518 Parlamentariern in der gegenwärtigen Wahlperiode zugenommen hat. Wenn die Qualität des Parlaments vom durchschnittlichen Bildungsstand seiner Mitglieder abhängen würde, wäre diese Entwicklung zu begrüßen. Die meisten der 260 akademisch vorgebildeten Mitglieder des Deutschen Bundestages, nämlich 110, sind Juristen.[128] Damit ist etwa jeder fünfte derzeitige Bundestagsabgeordnete Jurist. Diese Juristen sind in allen Berufsgruppen tätig, z. B. als Beamte und Angestellte von Bund, Ländern und Gemeinden, als Richter, Hochschullehrer, Rechtsanwälte, Notare, leitende Angestellte der Wirtschaft und der Gewerkschaften. Sie geben damit ein spiegelgerechtes Bild der juristischen Berufsmöglichkeiten.

2. *Abgeordnetenmandat als Beruf*

Trotz Zweifels darüber, ob den Parlamentariern ein Platz in einem Buch über juristische Berufe zukommen sollte – und im Bewußtsein der darin liegenden Provokation –, hat sich der Autor für eine Aufnahme dieser Tätigkeit entschlossen. Dies schon deshalb, weil viele politisch engagierte Abiturienten und Studenten das Fach Rechtswissenschaften wählen, da sie in diesem Studium die beste Basis für eine angestrebte politische Tätigkeit sehen.

Mit einiger Phantasie kann man sogar behaupten, daß der Beamtenbegriff nicht nur den „verwaltenden" und „richtenden" Staatsdiener kennt, sondern fast schon eine Erweiterung zum „gesetzgebenden" Staatsdiener erfahren hat. Seit der Deutsche Reichstag im Jahre 1906 die Diäten einführte, vollzog sich eine langsame, aber stetige Entwicklung zur „Verbeamtung" der Abgeordneten. Die Terminologie versucht diese Entwicklung zwar zu verdecken; so spricht man nach wie vor von „Diäten", obwohl das Stadium einer handfesten Besoldung bereits seit langem erreicht ist. Die Bundestagsabgeordneten haben nach Art. 48 III 1 GG Anspruch auf eine angemessene, ihre Unabhängigkeit sichernde Entschädigung, deren Umfang im Diätengesetz festgelegt wird. Die Diäten werden zu Recht so hoch bemessen, damit nicht nur Angehörige wirtschaftlich stärkerer Bevölkerungsteile, sondern auch solche der wirtschaftlich schwächeren Volksschichten in die Lage versetzt werden, ein Mandat anzunehmen. Gerade auch die Angehörigen freier Berufe wie Rechtsanwälte, Steuerberater, Wirtschaftsprüfer und Ärzte müssen Vertreter bezahlen, da sie sich infolge der Abgeordnetentätigkeit

[128] Vgl. „Strukturelle Gliederung des Deutschen Bundestages von der ersten bis zur sechsten Wahlperiode", hsrg. vom Wissenschaftlichen Dienst des Parlaments.

nicht mehr voll um ihre Praxis kümmern können.[129] Wenn die Bestrebungen, die Abgeordnetendiäten zu versteuern, Erfolg haben, werden sie weiter den Arbeitseinkommen anderer Bevölkerungsteile angeglichen werden. Auch die ungenierte Einführung von Abgeordnetenpensionen nähert die Abgeordneten dem Status der öffentlich Bediensteten an.

Ferner kann man in der Handhabung des Immunitätsrechts eine Art Disziplinarrecht erkennen, das vom Parlament als Ganzes über seine Abgeordneten ausgeübt wird. Die Entscheidung, ob die Immunität aufgehoben werden soll oder nicht, hat sich längst von der historischen Grundlage der Erhaltung der Funktionsfähigkeit des Parlaments gelöst und bestimmt sich heute danach, ob ein Abgeordneter für das Parlament noch tragbar erscheint oder nicht. Ausschlaggebend ist immer mehr die Frage, ob der Parlamentarier ein so starkes Fehlverhalten gezeigt hat, daß das Ansehen des Parlaments in der Öffentlichkeit geschädigt wird, wenn sich die Richtigkeit der gegen ihn erhobenen Anklage bestätigt. Die gleichen Kriterien gelten aber auch für Disziplinarverfahren gegen Beamte.[130]

Dennoch hat sich die Abgeordnetentätigkeit noch nicht zum eigentlichen Dauerberuf entwickelt. Nur 36 der gegenwärtig 518 Bundestagsabgeordneten waren bereits im ersten Bundestag vertreten und sind damit länger als 20 Jahre im Parlament. Allerdings ist hierbei nicht berücksichtigt, daß viele Bundestagsabgeordnete ihre Abgeordnetenkarriere über ein oder zwei Legislaturperioden im Landtag eines Bundeslandes beginnen. Um diese Zeit verlängert sich die meist hauptberuflich ausgeübte parlamentarische Tätigkeit.

Aus den obenangeführten statistischen Angaben ist zu entnehmen, daß gerade Juristen prädestiniert sind und sich auch dazu berufen fühlen, ihre ganze Arbeitskraft für längere oder kürzere Zeit einem politischen Mandat zu widmen.

3. Anspruch auf Entgelt

Aus der hier geschilderten Entwicklung hat inzwischen auch das BVerfG Konsequenzen gezogen: Nach ihm ist „im Zuge der durch Art. 21 GG geprägten Entwicklung von der liberalen parlamentarisch-repräsentativen Demokratie zu einer mehr radikal-egalitären parteienstaatlichen Demokratie“ die den Abgeordneten in Bund und Ländern gewährte Aufwandsentschädigung zunehmend zu einem Gehalt oder zu einer Besoldung geworden. Je mehr die Ab-

[129] *Winter-von Nieding*, Staatsbürgerliche Bildung, Verlag Dr. Max Gehlen, Bad Homburg V. D. H.-Berlin-Zürich 1966, 151.
[130] Vgl. *E.-G. Richter*, DVBl. 1969, 73.

geordneten von ihrem ursprünglichen repräsentativen Status eingebüßt haben, um so weniger könne die Aufwandsentschädigung ihren bisherigen Sinn erfüllen, die Unabhängigkeit des Abgeordneten sicherzustellen. Um so mehr aber sei die Tätigkeit der Abgeordneten zu einem den vollen Einsatz der Arbeitskraft fordernden Beruf geworden, für den der Mandatsträger legitimerweise ein Entgelt beanspruchen könne.[131]

[131] *BVerfG*, NJW 1972, 285 = JuS 1972, 211 (zur Verfassungsmäßigkeit der Abgeordnetenpension).

3. Teil. Außergewöhnliche Berufsmöglichkeiten

I. Berufsmöglichkeiten nach der ersten Staatsprüfung

1. *Auswärtiger Dienst*

a) Aufgabengebiet

Die Laufbahn des höheren Auswärtigen Dienstes[1] ist auch im Zeitalter modernster Verkehrsmittel und schnellster Nachrichtenverbindungen, die dem Diplomaten viel von seiner Selbständigkeit genommen haben, unter Juristen sehr begehrt. Der Tätigkeitsbereich dieser Laufbahn umfaßt den diplomatischen und den konsularischen Dienst. Allgemeine Politik, Entwicklungshilfe-, Sozial- und Kulturpolitik führen die jungen Diplomaten nach einer allgemeinen gemeinsamen Ausbildung im späteren Berufsleben zur Spezialisierung. Dies schließt nicht aus, daß die speziellen Aufgabengebiete sich während der Laufbahn ändern.

b) Vorbereitungsdienst und Prüfung

Voraussetzung für die Aufnahme in den Vorbereitungsdienst als Attaché ist der erfolgreiche Abschluß eines Hochschulstudiums – erste Staatsprüfung, Diplomprüfung, Magisterprüfung – aller Fachrichtungen. Neben Wirtschaftswissenschaftlern, Philologen, Politologen, Soziologen, vereinzelt Medizinern und Naturwissenschaftlern sind die Juristen nach wie vor die stärkste Anwärtergruppe. Von den Bewerbern werden unabhängig vom Fachstudium zusätzlich eine überdurchschnittliche Allgemeinbildung sowie gute Kenntnisse in der Volkswirtschaftslehre, in der neueren Geschichte und im Völker- sowie Staatsrecht verlangt. Dies bedingt, mit den wesentlichen politischen, wirtschaftlichen, sozialen und kulturellen Fragen der Gegenwart vertraut zu sein.

Die Bewerber müssen sich in der englischen und französischen Sprache schriftlich und mündlich gut ausdrücken können.[2] Zusätzliche Sprachkenntnisse sind zwar erwünscht, können aber Mängel in den beiden obengenannten obligatorischen Sprachen nicht ausgleichen.

Zum Vorbereitungsdienst kann nur zugelassen werden, wer den

[1] Vgl. *Hoppe-Hutter*, S. 131 f.; *Saacke*, S. 23 ff.; *Beyer*, S. 127.

[2] Kritisch zu den schlechten Sprachkenntnissen deutscher Juristen: *Wengler*, JZ 1970, 229.

aus einem schriftlichen und mündlichen Teil bestehenden Auswahlwettbewerb bestanden hat. Hierbei werden die obengenannten Anforderungen eingehend geprüft; zusätzlich wird ein psychologischer Eignungstest durchgeführt. Die ausgewählten Kandidaten müssen tropentauglich sein, was sich auch auf die Ehefrau und die Kinder bezieht. Sie werden unter Berufung in das Beamtenverhältnis auf Widerruf als Attachés in den Auswärtigen Dienst einberufen. Der Vorbereitungsdienst dauert 24 Monate, davon entfallen acht Monate auf eine theoretische Ausbildung in Staats- und Völkerrecht, Wirtschaftswissenschaften, Geschichte der Neuzeit und Politik. Daneben werden die Sprachkenntnisse vertieft. Am Schluß dieses Ausbildungsabschnitts steht eine schriftliche und mündliche Fach- und Sprachprüfung.

Anschließend werden die Attachés in den Abteilungen des Auswärtigen Amtes und in Auslandsvertretungen praktisch ausgebildet, wobei auch kurze Abordnungen an andere Behörden und an Industrie- und Bankunternehmen möglich sind.

Am Ende des Vorbereitungsdienstes steht die Prüfung für den höheren Auswärtigen Dienst, die aus einer schriftlichen Arbeit aus der Praxis des Auswärtigen Dienstes, einem Aktenvortrag und einer mündlichen Prüfung besteht. Der mit Erfolg geprüfte junge Diplomat beginnt seine Laufbahn im Beamtenverhältnis auf Probe als Legationssekretär oder Vizekonsul.

c) Anteil der Juristen

Das Auswärtige Amt stellt sowohl Juristen mit erster Staatsprüfung und mit zweiter Staatsprüfung in den Vorbereitungsdienst ein. Interessierten Juristen ist es sehr schwer zu raten, ob sie bereits nach der ersten Staatsprüfung oder erst nach der zweiten Staatsprüfung sich um die Aufnahme in den Vorbereitungsdienst bewerben sollen. Bewerbern mit nur erster Staatsprüfung wird oft im Hinblick auf ihr noch jüngeres Lebensalter der Vorzug gegeben. Attachés mit zweiter Staatsprüfung haben den Vorteil eines um ein halbes Jahr verkürzten Vorbereitungsdienstes; außerdem erhalten sie zur Zeit ein um etwa 500 DM höheres Gehalt. Assessoren haben zusätzlich den Vorteil, später auch in einen anderen juristischen Beruf übertreten zu können und damit von einer Speziallaufbahn unabhängig zu sein. Das Auswärtige Amt gibt keine Empfehlung darüber, ob man sich mit erster oder zweiter Staatsprüfung bewerben soll. Demzufolge halten sich die Bewerber mit erster und zweiter Staatsprüfung auch ungefähr die Waage.

Der Anteil der Juristen mit erster und zweiter Staatsprüfung an der Zahl der Gesamtbewerber ist nach wie vor sehr hoch, wenn auch im Auswätigen Dienst nicht mehr von einem Juristenmonopol gesprochen werden kann: Laut Bericht der Zeitschrift „Der Spiegel“[3] waren von 39 Teilnehmern des 1971er Attaché-Lehrgangs 22 Juristen. Im Jahre 1971 waren von 1286 Beamten des höheren diplomatischen Dienstes 48% Juristen und 14% Wirtschaftswissenschaftler.

Der Auswärtige Dienst bietet sprachbegabten Juristen Aufgabengebiete, die mit Abwechslungsreichtum, nach wie vor sehr hohem Sozialprestige und guten Berufsaussichten verbunden sind. Die Chance, den Auswahlwettbewerb zu bestehen, ist trotz des großen Nachwuchsbedarfs des Auswärtigen Amtes im Hinblick auf die sehr große Anzahl von Bewerbern nicht allzu günstig. Dies darf jedoch am Auswärtigen Dienst interessierte Juristen von einer Bewerbung nicht abhalten.

Anfragen hinsichtlich des Berufs des Diplomaten sind direkt an das Auswärtige Amt, Referat ZA3, 53 Bonn, Raiffeisenstr. 5 zu richten. Im Auswärtigen Amt sind persönliche Vorstellungen vor dem Einreichen einer Bewerbung sehr erwünscht.

2. *Bibliothekswesen*

Um ihre Leistungsfähigkeit zu erhalten, benötigen die wissenschaftlichen Bibliotheken unserer Universitäten und Hochschulen und die großen öffentlichen Staats- und Stadtbibliotheken Fachleute mit abgeschlossener Universitäts- oder Hochschulbildung. Diese Fachkräfte müssen in der Lage sein, sich einen selbständigen Überblick über die in- und ausländische Literatur ihres Fachgebiets zu verschaffen, alle Neuerscheinungen zu überprüfen, im Rahmen der vorhandenen Haushaltsmittel die wichtigen Bücher anzuschaffen und die Leser ihrer Bibliotheken fachkundig zu beraten. Daneben erfordert auch die sachgerechte Katalogisierung und Aufschlüsselung der Literatur nach Sachgebieten eine gründliche und systematische Ausbildung.

Die Übernahme als Anwärter für den höheren Dienst an wissenschaftlichen Bibliotheken setzt zunächst ein mit Erfolg abgeschlossenes Universitäts- und Hochschulstudium voraus. Wenn auch die Fachrichtung des Studiums gleichgültig ist, besteht der größere Teil der Bibliothekare aus Philologen; aber auch Juristen, Theologen, Wirtschafts- und Naturwissenschaftler werden als Bibliotheksreferendare in den Vorbereitungsdienst aufgenommen. Neben der Ablegung einer ersten Staatsprüfung beziehungsweise Hochschulprüfung wird für den höheren Bibliotheksdienst zusätzlich die Promotion verlangt. Die Ausbildungs- und Prüfungsordnung vom

[3] Nr. 15 vom 3. 4. 1972, S. 38.

18. 8. 1938,[4] die mit Ausnahme des Landes Bayern[5] noch heute in den übrigen Bundesländern gilt, sieht in § 2 V als Erleichterung lediglich die Möglichkeit vor, nicht promovierte Bewerber mit der Auflage zuzulassen, die Doktorprüfung bis zur Meldung zur zweiten Staatsprüfung nachzuholen. Im Hinblick auf den akuten Mangel an Anwärtern mit abgeschlossenem technischem Studium hat der Kultusminister des Landes Nordrhein-Westfalen mit Erlaß vom 7. 2. 1961[6] verfügt, besonders geeignete Diplom-Ingenieure auch ohne Promotion zum Vorbereitungsdienst zuzulassen. Öffentliche Bibliotheken nehmen auch nicht promovierte Bewerber in den Vorbereitungsdienst auf.[7]

Die Anwärter für den höheren Bibliotheksdienst haben einen zweijährigen Vorbereitungsdienst für die höhere Bibliothekslaufbahn zu absolvieren, der sich in zwei Abschnitte von je einem Jahr gliedert.[7] Das erste praktische Jahr wird an einer Ausbildungsbibliothek (Universitäts-, Hochschul-, Staatsbibliothek u. a.) abgeleistet; das zweite Jahr dient der Ausbildung entweder an dem Bibliothekarlehrinstitut des Landes Nordrhein-Westfalen in Köln oder an der Bibliotheksschule der bayerischen Staatsbibliothek in München. Die Bibliotheksreferendare der übrigen deutschen Bundesländer besuchen infolge Fehlens entsprechender Institute in ihren Ländern die beiden genannten Ausbildungseinrichtungen der Länder Nordrhein-Westfalen und Bayern. Der Vorbereitungsdienst der Laufbahn für den höheren Bibliotheksdienst schließt gem. § 14 II BRRG mit einer Prüfung ab, deren Zweck die Feststellung ist, ob dem Referendar nach seinen fachlichen und allgemeinen Kenntnissen und dem Gesamtbild seiner Persönlichkeit die Befähigung für den höheren Bibliotheksdienst zugesprochen werden kann (Assessorprüfung, große Staatsprüfung, zweite Staatsprüfung oder bibliothekarische Fachprüfung genannt). Die Prüfung erfolgt am Bibliothekarlehrinstitut in Köln vor einer vom Kultusminister des Landes Nord-

[4] In: Deutsche Wissenschaft, Erziehung und Volksbildung (DWEV) 1938, 423 ff.; *Lansky,* Bibliotheksrechtliche Vorschriften, Frankfurt am Main, 2. Aufl. (1969), S. 215 f.; *Böhm,* Rechtsfragen der Beamtenausbildung (unter besonderer Berücksichtigung des höheren Bibliotheksdienstes), Carl Heymanns Verlag KG, Köln-Berlin-Bonn-München 1963.

[5] Ausbildungs- und Prüfungsordnung für den höheren Bibliotheksdienst bei den wissenschaftlichen Bibliotheken in Bayern v. 23. 12. 1955, KultusMBl. 1955, 537 ff.

[6] KultusMBl. 1961, 59 ff.

[7] Koordinierungsrichtlinien für die Laufbahnen des höheren und gehobenen Dienstes an wissenschaftlichen Bibliotheken, Beschluß der KMK v. 28./29. 4. 1965, GMBl. 1966, 299 ff.; Rahmenvereinbarung über die Ausbildung für den höheren Dienst an öffentlichen Büchereien, Beschluß der KMK v. 4. 2. 1972, GMBl. 1972, 222 f.

rhein-Westfalen eingesetzten Prüfungskommission und an der staatlichen Bibliothekarschule in München vor einem vom bayerischen Staatsministerium für Unterricht und Kultus eingesetzten Prüfungsausschuß. Die bestandene Prüfung berechtigt zur Führung des Titels „Assessor im Bibliotheksdienst" und ist Voraussetzung für die Übernahme in den öffentlichen Dienst als Bibliotheksassessor und später Bibliotheksrat usw. Die Berufsaussichten sind wegen der starken Entwicklung des Bibliothekswesens recht günstig, wenn auch die Zahl der Referendare gering ist; unter den sechs im Jahre 1971 in der Ausbildung der Deutschen Bibliothek in Frankfurt/Main stehenden Referendaren befindet sich nur ein Jurist.

Nähere Auskünfte erteilen alle Universitätsbibliotheken, die Deutsche Bibliothek[8] – bundesunmittelbare Anstalt des öffentlichen Rechts, 6 Frankfurt am Main 1, Zeppelinallee 8, und die Staatsbibliothek der Stiftung Preußischer Kulturbesitz, 1 Berlin 30, Reichpietschufer 72. Die Deutsche Bibliothek in Frankfurt und die Staatsbibliothek in Berlin begrüßen Bewerbungen von Juristen für die Bibliothekslaufbahn.

Die Staatsbibliothek stellt auch Juristen mit erster Staatsprüfung und/oder Promotion nach Vergütungsgruppe II a beziehungsweise I b BAT oder nach Besoldungsgruppe A 13/14 ein, ohne die spezielle Referendarzeit verbindlich vorzuschreiben;[9] die Bewerber sollen in der weiter auszubauenden Schwerpunktsammlung „In- und ausländisches Recht" den Literaturbestand fachbibliothekarisch bearbeiten und auswerten. Die Deutsche Bibliothek[10] beschäftigt weiterhin einen Volljuristen als Leiter der Verwaltung, eine Position, die auch bei anderen vergleichbaren Anstalten und Oberbehörden sehr interessant ist, zum Beispiel dem Deutschen Archäologischen Institut, der Stiftung Preußischer Kulturbesitz – beide in Berlin –, dem Bundesarchiv in Koblenz oder der Bundeszentrale für politische Bildung in Bonn.

3. Archivwesen

Die Laufbahn des höheren Archivdienstes[11] ist der Laufbahn des höheren Bibliotheksdienstes sehr verwandt. Die Archivare sind in erster Linie Historiker, insbesondere der Landesgeschichte. Sie haben an Staats-, Stadt-, Kirchen- und Werksarchiven das aus alter

[8] Vgl. auch DRiZ 1969, 232 (Rechtsnatur der deutschen Bibliothek) und Gesetz über die deutsche Bibliothek v. 31. 3. 1969 (BGBl 1969 I, 265 ff.).

[9] Stellenausschreibung in JuS H. 10/1971, S. III.

[10] Vgl. Stellenausschreibung in NJW H. 13/1972, S. XII.

[11] Vgl. Ausbildungs- und Prüfungsordnung für den höheren Archivdienst beim Bundesarchiv vom 7. 6. 1966, GMBl. 1966, 319 ff.

und jüngerer Vergangenheit stammende Schriftgut aufzubewahren und zu verwalten; sie übernehmen Schriftgut und Quellenmaterial, das in der laufenden Verwaltung nicht mehr benötigt wird, wählen das zu bewahrende Schriftgut aus und machen es den Benutzern der Archive zugänglich. Diese Aufgabe erfordert unter anderem gründliche Kenntnisse in der Rechtsgeschichte und ein Vertrautsein mit den Grundbegriffen des modernen Rechts. Als Vorbildung für die Einstellung als Archivreferendar wird daher im allgemeinen ein mit Erfolg abgeschlossenes Studium der Philologie mit dem Schwerpunkt Geschichte oder der Rechtswissenschaft mit dem Schwerpunkt Rechtsgeschichte gefordert. Daneben werden gute Kenntnisse in alten und modernen Sprachen verlangt. Der Vorbereitungsdienst dauert zwei Jahre und schließt mit der Assessorprüfung ab, die die Laufbahn zum Archivassessor und Archivrat usw. eröffnet.

Der Archivar des höheren Dienstes ist zugleich Verwaltungsbeamter und wissenschaftlicher Forscher. Hierauf sind die hohen Anforderungen – erste Staatsprüfung, Sprachkenntnisse, möglichst auch Promotion –, aber auch das hohe Ansehen dieses Berufes zurückzuführen. Im Verhältnis hierzu sind sowohl die Zahl als auch die Bewertung der Stellen, zum Beispiel am Bundesarchiv, den Staatsarchiven der Länder, den Stadtarchiven und den Archiven der Kirchen nicht so günstig wie in der allgemeinen Bundes- und Landesverwaltung. Trotz der geringeren Aufstiegsmöglichkeiten gibt dieser Beruf indessen wissenschaftlich und historisch interessierten Juristen ein sehr befriedigendes Aufgabengebiet.

Im Bundesarchiv in Koblenz gab es im Jahre 1971 unter den Beamten des höheren Dienstes keinen Juristen; es hat sich im Jahre 1971 auch kein Archivreferendar mit juristischer Vorbildung in der Ausbildung befunden. Das Bundesarchiv würde es daher sehr begrüßen, wenn sich bei den nächsten Ausschreibungen auch Juristen um die Aufnahme in den Referendardienst bewerben würden, die dort einen breiten Wirkungskreis finden könnten. Nähere Auskünfte erteilt das Bundesarchiv, 54 Koblenz 1, Am Wöllershof 12.

4. *Kriminaldienst*

a) Aufgabenbereich

Die Laufbahn des höheren Kriminaldienstes[12] kommt besonders für Juristen in Betracht, deren Hauptinteresse dem Strafrecht, der Kriminalistik und der Kriminologie gilt und die nicht als Straf-

[12] Vgl. Neufassung des Bundespolizeibeamtengesetzes vom 12. 2. 1972, BGBl. I, 165 ff.

richter, Strafverteidiger oder Staatsanwalt, sondern in der unmittelbaren Verbrechensbekämpfung tätig sein wollen.

Der Bundesgesetzgeber hat durch Gesetz vom 8. 3. 1951 (BGBl. 1951 I, 165 ff.) ein Bundeskriminalamt mit Sitz in Wiesbaden für die Zusammenarbeit des Bundes und der Länder auf dem Gebiet der Kriminalpolizei errichtet. Aufgabe dieser dem Bundesinnenministerium unterstehenden Bundesoberbehörde ist die Bekämpfung von Verbrechern, die sich über das Gebiet eines Landes hinaus betätigen. Zu diesem Zweck hat das Bundeskriminalamt nach § 2 des Gesetzes vom 8. 3. 1951 folgende Aufgaben:

- Alle Nachrichten und Unterlagen für die kriminalpolizeiliche Verbrechensbekämpfung und die Verfolgung strafbarer Handlungen zu sammeln und auszuwerten, soweit die Nachrichten und Unterlagen nicht eine lediglich auf den Bereich eines Landes begrenzte Bedeutung haben,
- die Behörden der Länder (Landeskriminalämter) über die sie betreffenden Nachrichten und die in Erfahrung gebrachten Zusammenhänge strafbarer Handlungen zu unterrichten und
- nachrichten- und erkennungsdienstliche sowie kriminaltechnische Einrichtungen zu unterhalten.

Weiter ist dem Bundeskriminalamt der zur Durchführung der Bekämpfung internationaler Verbrechen notwendige Dienstverkehr mit ausländischen Polizei- und Justizbehörden, insbesondere der Interpol in Paris vorbehalten. Zur Bewältigung dieser schwierigen Aufgaben benötigt das Bundeskriminalamt gut ausgebildete Beamte auch des höheren Kriminaldienstes. Die Bundesregierung hat durch die Verordnung über die Laufbahnen des kriminalpolizeilichen Vollzugsdienstes des Bundes – KrimLV – vom 22. 7. 1971[13] das Laufbahnrecht des Kriminaldienstes des Bundes geändert. Für Juristen sind mehrere Möglichkeiten des Einstiegs in diese Laufbahn eröffnet:

b) Juristen mit erster Staatsprüfung

Das juristische Studium ist als Studium kriminologisch-kriminalistischer Ausrichtung als ein für den kriminalpolizeilichen Vollzugsdienst förderliches Studium anerkannt (§ 14 KrimLV). Hat ein Bewerber die erste juristische Staatsprüfung bestanden, kann er in einem Vorbereitungsdienst von zwei Jahren und sechs Monaten aufgenommen werden (§ 18 II KrimLV). Das Bundeskriminalamt schreibt regelmäßig beabsichtigte Einstellungen aus; die geeigneten Bewerber werden durch ein Ausleseverfahren ermittelt (§ 5 KrimLV). Es gibt keinen Anspruch auf Einstellung und Ausbildung.[14]

[13] BGBl. 1971 I, 1110 ff.

[14] Vgl. oben 1. Teil, III 2c (kein Rechtsanspruch auf Ausbildung in spezialisierten Ausbildungsgängen).

Die für den Vorbereitungsdienst ausgewählten Bewerber führen als Beamte auf Widerruf die etwas umständliche Dienstbezeichnung „Regierungskriminalratsanwärter". Nach dem erfolgreichen Vorbereitungsdienst ist die Laufbahnprüfung abzulegen, nach deren Bestehen sich eine dreijährige Probezeit anschließt, die bei Prüfungsergebnissen mit den Noten „gut" und „sehr gut" um die Hälfte gekürzt werden kann. Während der Probezeit führen die Beamten die Dienstbezeichnung „Regierungskriminalrat z. A." (§§ 13, 19 KrimLV). Drei Jahre nach Beendigung der Probezeit ist die Beförderung zum „Regierungskriminaloberrat" möglich. Hier zahlt sich die Verkürzung der Probezeit wegen überdurchschnittlicher Prüfungsergebnisse tatsächlich aus.

c) Juristen mit zweiter Staatsprüfung

Bewerbern, die die zweite juristische Staatsprüfung bestanden haben, kann der Bundesinnenminister die Befähigung für den höheren Kriminaldienst ohne weitere Ausbildung und Prüfung zuerkennen, wenn sie für den kriminalpolizeilichen Vollzugsdienst geeignet sind. Wer sich daher weitere Berufschancen wahren will, kann also auch als „Volljurist" noch in den Kriminaldienst eintreten; er wird aber den Kollegen, die den kriminalpolizeilichen Vorbereitungsdienst durchlaufen haben, regelmäßig zunächst fachlich unterlegen sein.

Referendare, die später als Assessoren in den Kriminaldienst gehen wollen, können schon während der Referendarzeit im Rahmen der Ausbildung bei der Staatsanwaltschaft Einblick in das kriminalpolizeiliche Aufgabengebiet gewinnen.[15]

d) Juristen als „andere Bewerber"

Juristen mit erster Staatsprüfung können auch ohne Vorbereitungsdienst den Versuch machen, als sogenannte „andere Bewerber" zum Kriminalrat z. A. eingestellt zu werden. Bei diesen Bewerbern muß die durch Lebens- und Berufserfahrungen innerhalb oder außerhalb des öffentlichen Dienstes erworbene Befähigung durch den Bundespersonalausschuß festgestellt werden (§§ 6 II, 21 ff. KrimLV, 21 BBG). Diese Bewerber müssen mindestens 34 und dürfen höchstens 45 Jahre alt sein. Die Probezeit dauert vier Jahre. Denkbar ist z. B., daß Juristen, die nach der ersten Staatsprüfung Steuerberater oder Wirtschaftsprüfer geworden sind,[16] als Spezialisten für Wirtschaftskriminalität in den höheren Kriminaldienst eintreten.

[15] *Dormanns,* JuS 1963, 372.
[16] Vgl. oben, 2. Teil, III 3 u. 4.

Auch Absolventen eines kriminologischen Zusatzstudiums könnten versuchen, auf diesem Weg, d. h. ohne Ableistung des Vorbereitungsdienstes (für den sie natürlich besonders qualifiziert wären), Kriminalbeamter des Bundes zu werden. Ein solches viersemestriges Studium wird zum Beispiel an der Universität Tübingen eingerichtet.[17] Es handelt sich nicht um einen selbständigen Studiengang, sondern um ein auf einem abgeschlossenen Studium der Rechtswissenschaft, Medizin, Psychologie oder Soziologie aufbauendes Zusatzstudium. Es enthält Lehrangebote aus den obenangeführten vier Fachbereichen und schließt mit einer Diplomprüfung ab.

Erfahrungen konnten mit diesem Zusatzstudium noch nicht gesammelt werden. Unter anderem aus strukturellen Gründen wird das kriminologische Zusatzstudium in Tübingen wahrscheinlich erst im Wintersemester 1972/73 begonnen werden können. Eine Ausbildungs- und Prüfungsordnung ist in Vorbereitung. Erst dann wird sich ein Bild des neuen Berufes „Diplom-Kriminologe" durchsetzen. Auf jeden Fall sollte dieser interessante Versuch beobachtet und möglichst bald in die Laufbahnverordnung für Kriminalbeamte aufgenommen werden. Denkbar wäre es, die Diplom-Kriminologen den Bewerbern mit zweiter Staatsprüfung gleichzustellen und sie als Kriminalrat z. A. unmittelbar in den Staatsdienst eintreten zu lassen.

5. Regierungsreferendariat in der allgemeinen inneren Verwaltung

Für Juristen, die sich bereits nach der ersten Staatsprüfung für den Beruf des Verwaltungsjuristen entscheiden können oder wollen, gibt es einen interessanten, aber kaum beachteten speziellen Ausbildungsgang.

Um das Juristenmonopol zurückzudrängen und um Spezialisten für bestimmte Aufgaben der staatlichen Verwaltung auszubilden, haben Bund und Länder ein Referendariat für den höheren allgemeinen Verwaltungsdienst eingeführt. Zu diesem zweieinhalbjährigen Vorbereitungsdienst werden in erster Linie Bewerber als Regierungsreferendare und Beamte auf Widerruf eingestellt, die ein Studium der Wirtschafts-, Sozial- oder politischen Wissenschaften mit einer Diplomprüfung oder einer gleichwertigen Prüfung abgeschlossen haben. Diese Referendare erhalten bei Behörden und Wirtschaftseinrichtungen eine vielseitige praktische Ausbildung, die durch theoretische Unterweisungen ergänzt wird. Die Ausbildung endet mit einer Staatsprüfung, die ihrerseits die Voraussetzung zur Ernennung zum Regierungsrat zur Anstellung im Beamtenverhältnis auf Probe ist. Auch wenn diese mit Erfolg abgeschlossene Ausbil-

[17] Vgl. *Göppinger,* JuS 1969, 448; *Herren,* JZ 1971, 455.

dung keinen Anspruch auf Ernennung zum Regierungsrat begründet, werden regelmäßig alle Absolventen dieses Ausbildungsganges in den Staatsdienst übernommen.

Neuerdings können auch Bewerber, die die erste juristische Staatsprüfung bestanden haben, für diesen speziellen Ausbildungsgang berücksichtigt werden.[18] Damit ist unabhängig von der Diskussion um eine spezielle Ausbildung für Justiz- und Verwaltungsjuristen die alte bis zum Jahre 1945 mögliche spezielle Ausbildung für Regierungsreferendare in veränderter Form wieder eingeführt worden.[19] Mit dieser Regelung soll jedoch nicht vom Prinzip der einheitlichen juristischen Ausbildung abgegangen werden, es handelt sich auch nicht um die Wiedereinführung des klassischen Regierungsreferendariats, das nur Juristen vorbehalten war. Es ist jedoch zu begrüßen, daß zumindestens das Land Berlin den Juristen für das Regierungsreferendariat gegenüber den Wirtschafts- und Sozialwissenschaftlern gleiche Chancen eingeräumt hat; dies ist bedingt durch die gesetzliche Gleichstellung der Studiengänge.[20] Dementsprechend rekrutierten sich die ersten in Berlin eingestellten Regierungsreferendare aus folgenden Studienrichtungen: 50% Politologen, 20% Soziologen, 20% Volkswirte, 10% Juristen. Der Ausbildungsgang ist mit Schwerpunkten auf den Gebieten des Haushaltswesens, der Personalführung, des organisatorischen Gestaltens, der elektronischen Datenverarbeitung und der Gesetzesvorbereitung an den Bedürfnissen der Verwaltung orientiert.

Auf Bundesebene stellen das Bundesinnenministerium, das Bundesverteidigungsministerium, die Verwaltung des Deutschen Bundestages, der Vorstand der Deutschen Bundesbahn und die Bundesanstalt für Arbeit Regierungs- beziehungsweise Verwaltungsreferendare ein. Auch wenn in den entsprechenden Stellenausschreibungen[21] Juristen mit erster Staatsprüfung nicht ausdrücklich angesprochen werden, sollten sich interessierte Juristen von einer Bewerbung nicht abbringen lassen.

6. Bankwesen

a) Bundesbank

Die Deutsche Bundesbank mit Sitz in Frankfurt ist eine bundesunmittelbare juristische Person des öffentlichen Rechts, die mit Hilfe

[18] Stellenanzeige des Senators für Inneres des Landes West-Berlin vom 31. 10. 1971 in: „Der Tagesspiegel".

[19] Vgl. *Friedrich*, DÖV 1971, 553 f.

[20] § 5 a VI Laufbahngesetz i. d. F. v. 1. 11. 1966 (GVBl. S. 1527) und Verordnung v. 1. 12. 1969 (GVBl. S. 2525).

[21] z. B. GMBl. Nr. 11/1971.

der währungspolitischen Befugnisse, die ihr nach dem „Gesetz über die Deutsche Bundesbank" vom 26. 7. 1957[22] zustehen, den Geldumlauf und die Kreditversorgung der Wirtschaft regelt. Hauptaufgabe der Deutschen Bundesbank ist es, die deutsche Währung zu sichern. Weiter hat sie für die bankmäßige Abwicklung des Zahlungsverkehrs im Inland und mit dem Ausland zu sorgen.

Besonders für die Tätigkeit in den Organen der Deutschen Bundesbank wie dem Zentralbankrat, dem Direktorium und den Vorständen der Landeszentralbanken benötigt die Deutsche Bundesbank hochqualifizierte Fachleute, die sie selbst ausbildet. Die Beamten des höheren Bankdienstes rekrutieren sich einmal aus Beamten des kaufmännischen (gehobenen) Dienstes, die zum höheren Dienst zugelassen werden, zum anderen aus Bewerbern mit abgeschlossener Hochschulbildung, die als Anwärter für den höheren Bankdienst eingestellt werden. Die letztgenannten Bewerber müssen ein Studium der Rechts-, Wirtschafts-, Finanz- oder Sozialwissenschaften mit erster Staats- oder Hochschulprüfung abgeschlossen haben. Weitere Voraussetzung ist eine abgeschlossene kaufmännische Lehre in einem Kreditinstitut bzw. einem anderen kaufmännischen Unternehmen oder eine geeignete gleichwertige Tätigkeit von zwei Jahren, die dem Bewerber ähnlich vielseitige Kenntnisse vermittelt haben soll, wie sie üblicherweise in einer kaufmännischen Lehre erworben werden. Die aufgrund der Bewerbungsuntelagen geeigneten Bewerber werden zu einer persönlichen Vostellung geladen, die mit einem Kolloquium über volkswirtschaftliche, betriebswirtschaftliche und rechtliche Fragen verbunden ist. Aufgrund der Ergebnisse des Kolloquiums werden die einzustellenden Bewerber ausgewählt.

Der Vorbereitungsdienst der Bankreferendare dauert nach der Ausbildungs- und Prüfungsordnung vom 21. 7. 1971 2$^1/_2$ Jahre. Zu ihrer praktischen Ausbildung werden die Bankreferendare auf allen wichtigen Arbeitsgebieten im Bereich des Direktoriums einer Hauptverwaltung, einer Hauptstelle und einer Zweigstelle der Deutschen Bundesbank beschäftigt. Finanziell lohnt sich die meist vor dem Hochschulstudium abgeschlossene kaufmännische Lehre durchaus; denn die Bankreferendare erhalten zum üblichen Unterhaltszuschuß eine Bankzulage von 33$^1/_3$%. Nach dem Bestehen der Prüfung für den höheren Bankdienst werden die Bankreferendare zu Bankassessoren bzw. Bankräten z. A. und in das Beamtenverhältnis auf Probe übernommen. Nach der Ableistung der in der Regel dreijährigen Probezeit werden sie zu Bankräten ernannt und in das

[22] BGBl. 1957 I, 745 f., und Änderungsgesetz v. 9. 9. 1965, BGBl. 1965 I, 1203 ff.

Beamtenverhältnis auf Lebenszeit – mittelbarer Bundesdienst – übernommen.

Der höhere Bankdienst bei der Deutschen Bundesbank ist also eine Laufbahn, die für viele Juristen mit erster Staatsprüfung, die vor ihrem Studium eine kaufmännische Lehre absolviert haben, nicht nur von der Aufgabe, sondern auch vom Einkommen her gesehen, sehr attraktiv ist. Aufstiegsmöglichkeiten bestehen vom Bundesbankrat/-oberrat zum Bundesbankdirektor in den Besoldungsgruppen A 15 (Regierungsdirektor), A 16, B 3, B 5, B 6 und B 9 (Ministerialdirektor). Für rein juristische Aufgaben in den Zentralabteilungen werden auch Volljuristen eingestellt.[23]

Nähere Auskünfte erteilen die Deutsche Bundesbank, 6 Frankfurt am Main, Postfach, und die Landeszentralbanken in den einzelnen Hauptstädten der Bundesländer.

b) Sonstiges Bankgewerbe

Juristen, die vor dem Studium eine Bank- oder kaufmännische Lehre abgeschlossen haben, finden im privaten Bankgewerbe ebenfalls günstige Berufsaussichten. Ausbildung zum Volljuristen und Banklehre eröffnen dem Bewerber den Weg bis in Spitzenpositionen von Bankunternehmen, seien es große Aktiengesellschaften (wie die *Deutsche Bank,* die *Dresdner Bank* oder die *Bank für Gemeinwirtschaft*), Sparkassen oder Bausparkassen.

Juristen ohne abgeschlossene Lehre beginnen den Berufsweg im Bankwesen in der Rechtsabteilung einer Bank. Anders als in der sonstigen privaten Wirtschaft führt hier der Weg auch aus der Rechtsabteilung häufig in Positionen des Geschäftsbetriebs, da im Bankgeschäft in größerem Maße auch juristische Grundlagen zu prüfen und juristische Probleme zu lösen sind. Im Bankwesen beginnt der Jurist seltener als in der sonstigen Wirtschaft seine Karriere als Vorstandsassistent.

Bei den Banken sind 40% der akademisch ausgebildeten Angestellten Juristen (vorwiegend mit zweiter Staatsprüfung), 30% Betriebswirte, 25% Volkswirte und 5% sonstige Akademiker. Bedeutende Konkurrenz erwächst den eben genannten Akademikern aus dem Kreis der Absolventen von Bank- und Sparkassenakademien, das gleiche gilt bei Versicherungen für die Absolventen aus Versicherungsakademien.[24]

[23] Vgl. Stellenausschreibung in NJW H. 12/1972, S. XII.

[24] Vgl. zu den Berufsaussichten im Bankgewerbe auch *Lambert,* JuS 1971, 607; *Scholz,* JuS 1968, 195 f.; „das deutsche bildungsmagazin" 1972, Nr. 4/5, S. 23; *Benölken,* Bank-Karriere ohne Studium, in Die Zeit Nr. 21 v. 26. 5. 1972, S. 40.

7. Bundeswehr

a) Aufgabenbereich

Aus Art. 73 Nr. 1, 87a I 1 GG ergibt sich das verfassungsrechtliche Gebot an Parlament und Regierung, die Funktionsfähigkeit der bewaffneten Streitkräfte zum Zwecke der Friedenssicherung zu erhalten und zu gewährleisten. Dieser Verfassungsbefehl verlangt die Aufstellung von Truppen, die aufgrund ihrer Organisation, Ausbildung, Ausrüstung und ihres inneren Gefüges auch tatsächlich in der Lage sind, den verfassungsrechtlichen Verteidigungsauftrag im Rahmen einer Friedenssicherungspolitik zu erfüllen. Diese Rechtsauffassung[25] wird aus dem Selbstverständnis unserer Demokratie entwickelt, die von ihren Bürgern eine Verteidigung der freiheitlich demokratischen Grundordnung erwartet und einen Mißbrauch der Grundrechte zum Kampf gegen diese Ordnung nicht hinnimmt. Damit ist unmißverständlich klargestellt, daß das Prinzip der „streitbaren Demokratie" als übergreifende Maxime auch für die innere Ordnung der Bundeswehr verbindlich ist. Für die Bewältigung von Aufgaben in dem genannten Rahmen stellt die Bundeswehr auch Juristen ein.

b) Juristen als Offiziere

Die rechtliche Grundlage für die Einstellung von Bewerbern mit erster juristischer Staatsprüfung, die eine Offiziersprüfung als Leutnant der Reserve abgelegt haben, bildet § 22 Soldatenlaufbahnverordnung. Die derzeitige Regelung für die Einstellung von Truppenoffizieren mit wissenschaftlicher Vorbildung sieht vor, daß nach erfolgreichem Abschluß eines Studiums die Einstellung als Hauptmann erfolgt. Für die weitere Karriere im Soldatenberuf ist dann ein später noch durchzuführender Stabsoffizierslehrgang mit abschließender Prüfung erforderlich, um zum Major befördert werden zu können. Die Offiziere mit abgeschlossenem Studium sollen auf Dienstposten mit wissenschaftlichen Qualifikationsmerkmalen eingesetzt werden.

Juristen mit bestandener zweiter Staatsprüfung können nach § 22 Soldatenlaufbahnverordnung sofort als Major eingestellt werden. Der Bedarf an juristisch vorgebildeten Offizieren ist allerdings nicht so groß wie der Bedarf an Offizieren, die ein medizinisches oder ingeneurwissenschaftliches Studium abgeschlossen haben. Dennoch hat das Bundesverteidigungsministerium immer wieder eine geringere Zahl von Bewerbern mit erster bzw. zweiter Staatsprüfung als

[25] Wehrbeauftragter *Fr.-R. Schultz*, „Die Bundeswehr in Staat und Gesellschaft", Jahresbericht 1970, S. 9.

Hauptleute und Majore eingestellt, so daß ein solcher Weg den am Soldatenberuf interessierten Juristen durchaus offensteht. Rund 20% der höheren Offiziersränge – Generale, Admirale, Oberste, Kapitäne zur See – haben eine abgeschlossene akademische Ausbildung.[26]

Die bisherigen Chancen, nach der Pensionierung, die bei Offizieren im Verhältnis zu den Beamten bedeutend früher liegt, eine zweite Karriere als Wirtschaftsmanager zu beginnen, werden allerdings immer geringer, da das Interesse der Wirtschaft spürbar nachgelassen hat.

c) Bundeswehrverwaltung

Im übrigen werden im Bereich des Bundesverteidigungsministeriums und der Bundeswehrverwaltung sehr viele Juristen als Beamte des höheren Dienstes und als vergleichbare Angestellte auf den vielseitigsten Dienstposten beschäftigt. Nach Art. 87b I GG fallen Aufgaben an, die nur von Juristen unmittelbar bei der Truppe ausgeübt werden können. Insbesondere kommen Tätigkeiten als Leiter der Abteilungen Verwaltung, als Rechtsberater – die zugleich Wehrdisziplinaranwälte sind[27] –, bei Kommandobehörden und als Dozenten bei Akademien, Fachhochschulen und sonstigen Lehreinrichtungen der Streitkräfte in Betracht. Auch die Bundeswehrverwaltung unterhält für Angestellte und Beamte eigene Aus- und Fortbildungseinrichtungen, bei denen Juristen als Rechtslehrer eingesetzt sind.

Außerdem sind vielfältige Aufgaben im Bereich der Wehrtechnik und Beschaffung, im Wehrersatzwesen und in der allgemeinen Bundeswehrverwaltung zu erfüllen. Ferner werden Juristen bei Auslandsdienststellen der Bundeswehrverwaltung bzw. der Streitkräfte vewendet oder vorübergehend zu Tätigkeiten bei internationalen Organisationen beurlaubt.

Schließlich werden noch Juristen bei dem Bundeswehrdisziplinaranwalt als Beamte und bei den Truppendienstgerichten als Richter eingesetzt (Art. 95 I, III GG, Wehrdisziplinarordnung vom 9. 6. 1961).[28]

Die Beamten der Bundeswehr, insbesondere die Rechtsberater, haben nur begrenzte Rechtsberatungsbefugnisse. Aufgrund des Rechtsberatungsgesetzes dürfen sie nämlich nur zu Rechtsfragen, die im Zusammenhang mit der Erfüllung dienstlicher Aufgaben stehen, Stellung nehmen, dagegen nicht zu Rechtsfragen in privaten und privatdienstlichen Angelegenheiten.[29]

[26] Vgl. Manager-Magazin 1972, 4, 60f.
[27] Vgl. *Scholz,* JuS 1970, 100, 368.
[28] BGBl. 1961 I, 697.
[29] AnwBl. 1971, 133f.

Das Bundesverteidigungsministerium eröffnet also der großen Zahl der in seinem Geschäftsbereich beschäftigten Juristen eine Vielfalt von Berufsmöglichkeiten (Soldat, Verwaltungsbeamter, Richter, Ankläger, Dozent, Auslandstätigkeit), wie sie nur von wenigen anderen Geschäftsbereichen, zum Beispiel Bundesinnenministerium, Bundesbahn, Bundespost, geboten werden können.

Bereits als Student und später auch als Referendar kann man sich in die juristischen Aufgaben bei der Bundeswehr einführen lassen.[30]

II. Berufsmöglichkeiten nach der zweiten Staatsprüfung

1. Bundesrechnungshof und Landesrechnungshöfe

a) Staatsrechtliche Stellung der Rechnungshöfe

Die staatsrechtliche Stellung des Bundesrechnungshofs (BRH) und der Landesrechnungshöfe im Gewaltenteilungssystem der Bundesrepublik Deutschland und der Bundesländer ist nach wie vor umstritten.[31] Der BRH – das gleiche gilt nach entsprechenden Landesgesetzen auch für die Landesrechnungshöfe – hat nach § 1 des Gesetzes über den Bundesrechnungshof (BRHG)[32] und §§ 88 ff. der Bundeshaushaltsordnung vom 19. 8. 1969[33] die Aufgabe, die gesamte Haushalts- und Wirtschaftsführung des Bundes einschließlich seiner Sondervermögen und Betriebe zu prüfen. Er prüft insbesondere, ob die Haushaltsgesetze und Haushaltspläne eingehalten worden, die Einnahmen und Ausgaben begründet und belegt, die Haushalts- und Vermögensrechnungen ordnungsgemäß aufgestellt sind und wirtschaftlich und sparsam verfahren wird.

Der BRH ist gegenüber der Bundesregierung eine selbständige, nur dem Gesetz unterworfene oberste Bundesbehörde. Zur Rechtsstellung des BRH werden vier Auffassungen[34] vertreten:

- Rechnungshöfe als funktionelle Organe oder als Hilfsorgane des Parlaments und damit als ein Teil der Legislative,
- Rechnungshöfe als den Ministerien gleichgeordnete Glieder der Exekutive (wohl die am meisten vertretene Auffassung),
- Rechnungshöfe als besondere Organe der Rechtsprechung und
- Rechnungshöfe als zwischen den Gewalten stehende neutrale Einrichtungen „sui generis“, teilweise auch als vierte Gewalt bezeichnet.

[30] Vgl. *Otter*, JuS 1966, 376.
[31] *E. G. Richter*, DVBl. 1969, 67 ff.; *Menzel*, DVBl. 1969, 71 ff.
[32] I. d. F. v. 19. 8. 1969 (BGBl. III Nr. 63–5).
[33] BGBl. I, 1284 ff.
[34] Vgl. dazu *E. G. Richter*, DVBl. 1969, 67.

b) Rechtsstellung der Prüfungsbeamten

Von dieser nach wie vor umstrittenen Rechtsstellung der Institution ist die Rechtsstellung ihrer Angehörigen zu unterscheiden, die im Rahmen dieses Buches allein interessant ist.

Die Mitglieder des BRH haben die von ihnen ausgehende Finanzkontrolle zur Wirkung zu bringen; nur die Prüfungsmitglieder des BRH, also nicht alle Bediensteten dieser obersten Bundesbehörde, besitzen richterliche Unabhängigkeit i. S. des Art. 97 GG. Aufgrund der sachlichen und persönlichen Unabhängigkeit unterliegen sie in ihrer Prüfungs- und Entscheidungstätigkeit keinen Weisungen, z. B. seitens ihres Präsidenten oder gar eines Bundesministers, und sind nur dem Gesetz unterworfen. Das Freisein von Weisungen steht im Gegensatz zu der sich aus der Gehorsamspflicht des Beamten ergebenden Weisungsgebundenheit (§§ 37 BRRG, 55 BBG).

Daraus wird teilweise gefolgert,[35] der Präsident, der Vizepräsident, die Direktoren und Ministerialräte des BRH seien nicht nur unabhängige und allein dem Gesetz unterworfene Beamte, wie etwa die kraft der ihnen verfassungsrechtlich garantierten Lehrfreiheit weitgehend unabhängigen beamteten Hochschullehrer; vielmehr seien sie im Besitz der vollen richterlichen Unabhängigkeit und damit als Richter anzusehen. Die rechtsprechende Gewalt der Rechnungsprüfung (Art. 92 GG) vollziehe sich in den sogenannten Prüfungsmitteilungen, die nichts anderes seien als richterliche Entscheidungen.

In dem letzten Punkt findet die überwiegende Auffassung[36] ihr wohl durchschlagendstes Gegenargument: Die Entscheidungen des BRH seien weder wie richterliche Entscheidungen vollstreckbar noch durchsetzbar und daher keine richterlichen Entscheidungen, sondern Erkenntnisse von unabhängigen Beamten.

c) Richterliche Unabhängigkeit

Die Mitglieder des BRH unterliegen deshalb keinen Weisungen anderer Stellen, um zu vermeiden, daß die kontrollierte Verwaltung der kontrollierenden Institution Weisungen erteilen kann. Auch innerhalb des Rechnungshofs können keine dienstlichen Anordnungen, z. B. des Präsidenten an andere Mitglieder, ergehen, soweit es sich um Ausübung der Kontrollfunktion des Rechnungshofs handelt. Die Weisungsungebundenheit ist im Umfang der richterlichen Unabhängigkeit garantiert. Dieses Attribut macht den damit bedachten Prüfer aber – wie erwähnt – noch nicht zu einem Richter. Die Tätigkeit der Mitglieder der Rechnungshöfe bleibt in ihrem Charakter Verwaltung und ist nicht Rechtsprechung, genau wie sich ein Rechnungshof nicht als ein Gericht darstellt.

Die Mitglieder des BRH sind daher nichtrichterliche Beamte, denen aus Zweckmäßigkeitsgründen zur Erfüllung ihrer sich materiell als Verwaltung darstellenden Kontrollfunktion Weisungsfrei-

[35] *E. G. Richter,* DVBl. 1969, 69 ff.
[36] *Menzel,* DVBl. 1969, 72.

heit in Form richterlicher Unabhängigkeit gesetzlich zugesichert ist. Die Ergebnisse ihrer Einzelprüfungen werden im Wege kollegialer Entscheidung in einem Prüfungsbericht mit „Bemerkungen" zusammengestellt und dem Parlament als objektive Grundlage für die Entlastung der Exekutive zugeleitet. Organisatorisch wird der BRH damit nicht zu einem Teil des Parlaments und nimmt von dort ebenfalls keine Fachanweisungen entgegen.

Die Beschreibung dieser Prüfungstätigkeit zeigt, daß die Rechnungshöfe für erfahrene und nach einer gewissen Unabhängigkeit strebende Juristen reizvolle Aufgaben bieten. Die Mitglieder der Rechnungshöfe müssen wie die Richter an oberen Bundesgerichten mindestens 35 Jahre alt sein. Die finanzielle Grundlage der Prüfungstätigkeit ist aufgrund der hohen Einstufung dieser Ämter durchaus interessant (Ministerialräte nach B 3 plus Zulage und noch höhere Beförderungsämter).

Der BRH bietet aber auch noch andere Betätigungsmöglichkeiten für Juristen. Der Präsident des BRH hat nach § 8 des BRHG die zusätzliche Aufgabe, auf Ersuchen oberster Bundesorgane gutachtliche Äußerungen über die Wirtschaftlichkeit staatlicher Maßnahmen abzugeben. Es handelt sich dabei um Gutachtertätigkeit des Präsidenten selbst, nicht um eine solche des Bundesrechnungshofs. Für diese Aufgaben und auch für weitere Verwaltungsaufgaben seiner Behörde stehen dem Präsidenten eine Anzahl von Beamten zur Verfügung, die keine richterliche Unabhängigkeit genießen, sondern weisungsgebunden handeln. Diese Aufgaben ähneln also den Aufgaben, wie sie allgemein bei obersten Bundesbehörden von Beamten zu leisten sind.

2. *Europäischer öffentlicher Dienst*

a) Status der europäischen Beamten

Institutionen, wie die Europäischen Gemeinschaften, der Europarat, die Organisation für wirtschaftliche Zusammenarbeit und Entwicklung (OECD), die Westeuropäische Union (WEU), der Nordatlantik-Pakt (NATO), die Europäische Organisation für die Entwicklung und den Bau von Raumfahrzeugen (ELDO), die Europäische Organisation für Erforschung des Weltraums (ESRO) u. a., beschäftigen rund 15 000 Bedienstete, die Europäische Kommission am Jahresende 1971 allein 5841 Beamte und lokale Angestellte. Von diesen Bediensteten waren rund 600 höhere Beamte.[37]

Wir wollen uns auf die beispielhafte Behandlung der Europäischen Gemeinschaften (EG) beschränken. Es handelt sich um die

[37] *Manzanares*, DÖV 1971, 73 ff.; „Der Beamtenbund", Februar 1972, S. 8.

Europäische Gemeinschaft für Kohle und Stahl vom 18. 4. 1951 (Montanunion), die Europäische Wirtschaftsgemeinschaft vom 25. 3. 1968 (EWG) und die Europäische Atomgemeinschaft vom 25. 3. 1968 (EURATOM). Ihre gemeinsamen Organe sind: Das europäische Parlament (Versammlung), der Rat, die Kommission, der Wirtschafts- und Sozialausschuß und der Gerichtshof.

Bei den Bediensteten der Europäischen Gemeinschaften wird das Anstellungsverhältnis durch einen hoheitlichen Einstellungsbeschluß begründet, der als ein Verwaltungsakt anzusehen ist. Daneben gibt es weitere Gruppen von Bediensteten (z. B. auf Zeit, Sonderberater, Hilfskräfte), für die das Vertragssystem gilt, d. h. sie sind aufgrund eines Arbeitsvertrags tätig.

Als Grundprinzip des internationalen öffentlichen Dienstes kann die Unabhängigkeit der Beamten gegenüber den Mitgliedstaaten gelten, was nicht ausschließt, daß bei der Auswahl des leitenden Personals weniger der Weg der Stellenausschreibung als der der inoffiziellen Empfehlungen der Regierungen gewählt wird. Nach Art. 11 I des Beamtenstatus der EG hat sich der europäische Beamte bei der Ausübung seines Amts und in seinem Verhalten ausschließlich von dem Interesse der Gemeinschaften leiten zu lassen; er darf weder von Regierungen, Behörden, Organisationen noch von Personen außerhalb seines Organs Weisungen entgegennehmen. Ergänzt wird diese Vorschrift durch Art. 11 II, nach dem der Beamte ohne Zustimmung der Anstellungsbehörde weder von einer Regierung noch von einer anderen Stelle außerhalb seines Organs Titel, Orden, Ehrenzeichen, Belobigungen oder Geschenke annehmen darf. Das gleiche gilt für von den nationalen Regierungen zu den Europäischen Gemeinschaften abgeordneten Beamten.[38]

b) Laufbahn der europäischen Beamten

Wie in den meisten europäischen Staaten gilt auch in den EG das Laufbahnsystem, d. h. eine Beförderung kann erfolgen, ohne daß sich der Aufgabenkreis ändert. (Das Gegenteil dieses Prinzips wird in den USA als sogenannte Dienststellungssystem angewandt.)

Das Beamtenstatut der EG faßt die Besoldungsgruppen (neben den Sonderlaufbahnen „Sprachendienst“ und „wissenschaftlicher und technischer Dienst“) in vier Laufbahngruppen zusammen:[39]

- *Laufbahngruppe A* (höherer Dienst): Dienstposten mit Weisungsbefugnis oder Referententätigkeit, für die Hochschulbildung oder gleichwertige Berufserfahrung erforderlich ist.

[38] Vgl. *Schröder,* „Die wohlerworbenen Rechte der Bediensteten in der Rechtsprechung des Gerichtshofs der europäischen Gemeinschaften“, Godesberger Taschenbuchverlag GmbH, 1969.

[39] Vgl. *Rogalla,* JuS 1972, 420.

- *Laufbahngruppe B* (gehobener Dienst): Dienstposten mit Sachbearbeitertätigkeit, für die höhere Schulbildung oder gleichwertige Berufserfahrung erforderlich ist.
- *Laufbahngruppe C* (mittlerer Dienst): Dienstposten mit ausführenden Aufgaben, für die Mittelschulbildung oder gleichwertige Berufserfahrung erforderlich ist (zum Beispiel auch Sekretärinnentätigkeit).
- *Laufbahngruppe D* (einfacher Dienst): manuelle oder Hilfstätigkeiten, für die Volksschulbildung und eine technische Ausbildung erforderlich sind.

Das Dienstverhältnis ist ähnlich dem deutschen Beamtenrecht nach Planstelle und Besoldungsgruppe bestimmt. Die Planstelle ist ein haushaltstechnischer Begriff. Es handelt sich um einen bestimmten Dienstposten mit genau abgegrenztem Aufgabenbereich im Stellen- und Geschäftsverteilungsplan. In der für Juristen allein zuständigen Laufbahngruppe A sind es die Besoldungsgruppen VII und VI (Verwaltungsrat) und V und IV (Hauptverwaltungsrat).

Die Vorteile, die die europäischen Beamten sonst genießen, sind nicht so groß, wie ein Teil der Öffentlichkeit glaubt. Sie sind insbesondere nicht mit den Vorteilen des diplomatischen und konsularischen Dienstes und anderer internationaler Beamter (z. B. UNO) vergleichbar. Die europäischen Beamten bezahlen eine direkt vom Gehalt abgezogene Gemeinschaftssteuer. Die im diplomatischen Dienst üblichen zollrechtlichen Vergünstigungen beschränken sich auf den Umzug und die Einrichtung einer Wohnung.[40] Das im Verhältnis zum Inlandsdienst etwa 20 bis 40% höhere Gehalt der europäischen Beamten findet seine Rechtfertigung in den geforderten Fremdsprachenkenntnissen und in der integrierten Arbeitsweise mit ausländischen Vorgesetzten, Kollegen und Mitarbeitern.

c) Streikrecht für europäische Beamte

Ein Streikrecht ist in dem Beamtenstatut der EG nicht erwähnt. Da der Streik im öffentlichen Dienst Frankreichs, Italiens, Belgiens und Luxemburgs anerkannt, in Deutschland und in den Niederlanden jedoch ausgeschlossen ist, ist diese Frage noch offen. Die Tendenz geht allerdings dahin, den europäischen Beamten das Streikrecht zuzugestehen; von diesem Recht ist bereits Gebrauch gemacht worden.

d) Struktur der europäischen Verwaltung

Die Verwaltung der EG ist in 18 Generaldirektionen, das Generalsekretariat, den Juristischen Dienst, die Sprachengruppe, das statistische Amt und weitere sechs spezielle selbständige Dienststellen gegliedert. Viele Dienststellen arbeiten unter der speziellen Leitung und Verantwortung eines Mitglieds der zur Zeit aus neun – nach der Erweiterung der EG durch Großbritannien und die nordischen Staten – vierzehn Mitgliedern bestehenden Kommission.

[40] *Manzanares*, DÖV 1971, 79.

Große Generaldirektionen sind diejenigen für Landwirtschaft, für gewerbliche Wirtschaft, für Wettbewerb, für Entwicklungshilfe, für Wirtschaft und Finanzen und für Personal und Verwaltung. Die Generaldirektionen sind in Direktionen und diese in Referate unterteilt.

Die Generaldirektoren erhalten ein Gehalt nach der Besoldungsgruppe A 1 (entspricht der deutschen Besoldungsgruppe B 9 gleich Ministerialdirektor), die Direktoren nach Besoldungsgruppe A 2 (entspricht der deutschen Besoldungsgruppe B 6 gleich Ministerialdirigent), die Abteilungsleiter nach A 3 (entspricht den Ämtern der Besoldungsgruppe B 3 gleich Ministerialrat), die Hauptverwaltungsräte nach A 4 und 5 (entspricht den deutschen Besoldungsgruppen A 16 und A 15 Leitender Regierungsdirektor bzw. Regierungsdirektor) und die Verwaltungsräte nach Besoldungsgruppe A 6 und 7 (entspricht der deutschen Besoldungsgruppe A 13/14 Regierungsrat, Oberregierungsrat).

Die in den Organisationsplänen der Kommissionen des Rats ausgewiesenen separaten juristischen Dienste mit einem Generaldirektor und 28 (so bei der Kommission) bzw. 12 (so beim Rat) Rechtsberatern sind dem deutschen Juristen fremd; diese Einrichtung kommt aus der französischen Verwaltung.

Die juristischen Dienste sind dem Präsidenten und dem Generalsekretariat des Rats unmittelbar unterstellt. Somit hat der juristische Dienst eine gewisse Monopolstellung in Rechtsfragen, wenngleich in den anderen Fachbehörden ebenfalls juristisch gearbeitet wird. In allen Generaldirektionen gibt es Juristen als Kontaktbeamte, die die Arbeit mit den juristischen Diensten koordinieren. Zu den Rechtsberatern der juristischen Dienste, die insbesondere den Rat und die Kommission vor dem europäischen Gerichtshof zu vertreten haben, kommt noch eine etwa gleich große Zahl von jüngeren Juristen, die als juristische Hilfsarbeiter tätig sind.

e) Anteil und Chancen der Juristen

Die europäischen Beamten werden unter den Staatsangehörigen der Mietgliedsstaaten auf möglichst breiter geographischer Grundlage ausgewählt, d. h. die beteiligten Mitgliedsstaaten müssen angemessen repräsentiert sein, und zwar nicht nur in quantitativer, sondern in dem hierarchisch gegliederten Aufbau auch in qualitativer Hinsicht. Von den Beamten der Europäischen Gemeinschaften wird eine hohe geistige Mobilität erwartet. Ein europäischer Beamter soll nicht nur die nationalen Bestimmungen seines Arbeitsgebiets kennen, er muß auch die Regelungen der gleichen Sachgebiete in den übrigen Mitgliedsstaaten erfassen und harmonisieren können. Die häufig überbewerteten, aber notwendigen Sprachkenntnisse sind hierfür noch nicht einmal entscheidend. Dennoch muß auch hier darauf hingewiesen werden, daß die deutschen Juristen im Durchschnitt schlechte Sprachkenntnisse haben und es ihnen offensichtlich auch an dem Willen fehlt, ihre Sprachkenntnisse zu verbessern.[41]

Wie sich die neuen Justizausbildungsordnungen der Länder, die Völkerrecht und Rechtsvergleichung sehr vernachlässigen, auf die Einstellungschancen deutscher Juristen auswirken werden, bleibt abzuwarten. Auf jeden Fall kann sich ein Staat, der internationale Beachtung beansprucht, auf die Dauer eine introvertierte Juristenausbildung nicht leisten, die auf Vermittlung von Kenntnissen im internationalen Recht verzichtet.[42]

In den europäischen Zentralverwaltungen sind deutsche Juristen und Verwaltungsbeamte als Rechtsexperten besonders angesehen, haben aber geringere Chancen, zu den wichtigeren Stellungen in den Arbeitsbereichen Finanz-, Wirtschafts- und Regionalpolitik vorzudringen, im Gegensatz zu der aus der ENA (Ecole Nationale Administrative) hervorgegangenen französischen Verwaltungselite.[43]

In den Jahren 1970/71 haben sich bei der europäischen Kommission 1647 Hochschulabsolventen um eine Einstellung als Verwaltungsrat beworben, davon 491 Rechts-, 604 Wirtschafts-, 425 Politik- und 127 Landwirtschaftswissenschaftler. Von diesen 1647 Bewerbern sind 160 eingestellt worden, darunter 59 Juristen, 57 Wirtschaftswissenschaftler, 18 akademische Landwirte und 26 Politologen.[44] Von den 499 juristischen Bewerbern sind 322 zur schriftlichen, 91 zur mündlichen Prüfung zugelassen und schließlich 59 eingestellt worden. Hieraus ergibt sich die sehr scharfe Auslese. Der strenge Maßstab ist auch gerechtfertigt. Die Qualität und Dauer der Europäischen Gemeinschaften wird davon abhängen, ob es gelingt, ein europäisches Beamtencorps und eine funktionsfähige europäische Verwaltung zu schaffen. Im Bewußtsein der Bedeutung dieser Aufgaben sind die europäischen Beamten verpflichtet, die Unabhängigkeit eines europäischen Beamtentums im Dienste Europas zu stärken. Hieran mitzuwirken ist eine lohnende Aufgabe für qualifizierte und sprachbegabte deutsche Juristen.

3. *Kirchenverwaltung*

Kaum bekannt und daher in diesem Buch sehr erwähnenswert ist die Tatsache, daß Volljuristen im kirchlichen Verwaltungs- und Gerichtsdienst als Kirchen- oder Konsistorialräte (evangelische

[41] Vgl. *Wengler*, JZ 1970, 229.
[42] *Bernhard*, JZ 1971, 581 f.
[43] Vgl. *v. d. Groeben*, DVBl. 1965, 137 ff.
[44] *Rogalla*, JuS 1972, 420.

Kirche) bzw. Ordinariatsräte (katholische Kirche) angestellt werden können. Die Aufgaben der Juristen liegen auf dem breiten Verwaltungssektor. Sie umfassen die allgemeinen Justitiariatsgeschäfte, die Verwaltung von Liegenschaften und die Betreuung der umfassenden Kirchenhaushalte. Hinzu kommen Stellungnahmen zu Rechtsfragen, in denen die Kirchen und die staatliche Verwaltung oder Gesetzgebung nahe Berührungspunkte haben, z. B. im Familien-, Sozial-, Schul-, Straf- und nicht zuletzt auch im Steuerrecht. Juristen können im Kirchendienst in leitende Stellungen aufsteigen, zum Beispiel als Präsidenten von großen Konsistorialverwaltungen.

Für die Tätigkeit im Kirchendienst sind aber nicht nur gute juristische Fachkenntnisse erforderlich. Vielmehr wird bei den Juristen der Kirche wie bei den Theologen eine echte innere Berufung von entscheidender Bedeutung sein, da in diesem Bereich Religiosität und Glaube nicht nur die Berufswahl, sondern die ganze Berufstätigkeit und die private Lebensführung bestimmen sollten.

Nähere Auskünfte erteilen die Landeskirchenleitungen und die Generalvikariate.

4. Bundesgrenzschutz

Die Bundesgrenzschutzbehörden haben das Gebiet der Bundesrepublik Deutschland vor verbotenen Grenzübertritten zu bewahren. Neben der Ausübung der Paßkontrolle an den Grenzübergängen haben sie das Bundesgebiet gegen alle die Grenzen gefährdenden Störungen der öffentlichen Sicherheit und Ordnung bis zu einer Tiefe von 30 Kilometern des Grenzgebietes zu sichern. Das gilt nicht nur für die östliche Grenze der Bundesrepublik (vgl. Gesetz über den Bundesgrenzschutz).[45]

Für diese Aufgaben beschäftigt der Bundesgrenzschutz nicht nur zu Grenzschutzvollzugsbeamten ausgebildete Offiziere, sondern auch „Grenzschutzoffiziere mit Befähigung zum Richteramt" mit der Dienstbezeichnung „rechtskundiger Major im Bundesgrenzschutz" als Eingangsamt. Nach §§ 24, 28 der Verordnung über die Laufbahn der Polizeivollzugsbeamten im Bundesgrenzschutz und im Bundesministerium des Innern[46] müssen folgende Voraussetzungen für eine Einstellung gegeben sein:

- zweite juristische Staatsprüfung
- Offiziersprüfung.

Als Offiziersprüfung gilt die Prüfung zum Berufsoffizier (Leutnant) oder zum Polizeioberbeamten (Polizeikommissar bzw. -in-

[45] I. d. F. v. 18. 8. 1972, BGBl. 1972 I, 1834 ff.
[46] I. d. F. v. 16. 6. 1972, BGBl. 1972 I, 901 ff.

spektor). Aber auch die Befähigung zum Offizier auf Zeit oder der Reserve (§§ 1, 27 Soldatengesetz) wird vom Bundesgrenzschutz anerkannt. Von dem Erfordernis der Offiziersprüfung kann in Ausnahmefällen aber auch abgesehen werden.

Im Prüfungsausschuß für Stabsoffiziere im Bundesgrenzschutz (Majorsprüfung) muß ein beisitzender Grenzschutzoffizier die Befähigung zum Richteramt haben.[47]

Der Beruf des rechtskundigen Majors, Oberstleutnants, Obersten und Brigadegenerals im Bundesgrenzschutz bietet gerade für solche junge Assessoren, die ihren Wehrdienst bei der Bundeswehr als Leutnant der Reserve beendet hatten, eine abwechslungsreiche und verantwortungsvolle Berufsmöglichkeit. Nähere Auskünfte erteilt das Bundesministerium des Innern, 53 Bonn, Rheindorfer Str. 198.

III. Pädagogische Berufe

1. Forschung und Lehre

a) Lehrpersonal ohne Habilitation

Wissenschaftlich und pädagogisch begabte Juristen werden schon früh in den Lehr- und Forschungsbetrieb der juristischen Fachbereiche und Fakultäten einbezogen. Der Weg des Hochschullehrers geht über den Tutor, Hilfsassistenten, Verwalter einer Assistentenstelle, wissenschaftlichen Assistenten, Akademischen Rat, Assistenzprofessor, Wissenschaftlichen Rat (Wissenschaftlichen Rat und Professor), außerplanmäßigen Professor zum ordentlichen Professor. Nicht alle diese „Dienstgrade“ sind freilich aufeinanderfolgende Stufen einer einheitlichen Laufbahn; auch sind diese Berufe im einzelnen derzeit stark im Umbruch, so daß nicht alle genannten Amtsbezeichnungen in allen Ländern existieren (und nicht alles unten Gesagte einheitlich für alle Hochschulen gilt).

Während Tutoren diese Aufgabe zu Ende ihres Studiums wahrnehmen, sind die Hilfsassistenten und Verwalter von Assistentenstellen meist Rechtsreferendare und Assessoren. Wissenschaftlicher Assistent oder Akademischer Rat kann ein überdurchschnittlich begabter Jurist nach der zweiten juristischen Staatsprüfung und/oder der Doktorprüfung werden. Nach einer überdurchschnittlich bewerteten Doktorprüfung kann ein Jurist in manchen Ländern auch ohne Habilitation zum Assistenzprofessor ernannt werden. Gerade die Akademischen Räte, die über den Akademischen Oberrat zum Akademischen Direktor aufsteigen können, und die Assistenzpro-

[47] § 2 II 2 c der Prüfungsordnung (GMBl. 1964, 258).

fessoren haben als sogenannter akademischer Mittelbau für die Reform der juristischen Ausbildung besondere Bedeutung erlangt; man hofft durch ihren verstärkten Einsatz die Relation von Studenten zu Hochschullehrern entscheidend verbessern zu können. Die Hochschullehrer des akademischen Mittelbaues erhalten inhaltlich begrenzte Daueraufgaben in Forschung und Lehre.[48] Die Akademischen Räte, Oberräte und Direktoren können zu Beamten auf Lebenszeit ernannt werden und so ohne Habilitation im Hochschulbereich bleiben.

Die Assistenzprofessuren sind für begabte wissenschaftliche Nachwuchskräfte gedacht, die sich in einem Beamtenverhältnis auf Zeit (vier bis sechs Jahre) auf die Habilitation vorbereiten und in der Lehre mitwirken sollen.

b) Hochschullehrer mit Habilitation

Nach der abgelegten Habilitation – die in der Regel aus Habilitationsschrift sowie ihrer Verteidigung (bzw. einem Habilitationsvortrag) besteht – erhält der Habilitant die „venia legendi“ und wird zum Privatdozenten ernannt. Die Habilitation hat sich in der historischen Entwicklung mehrmals geändert. Nach dem zweiten Weltkrieg wurde die von den Nationalsozialisten zerrissene Einheit von „Habilitation“ und „venia legendi“ wiederhergestellt. Diese Einheit als eine der fundamentalen Grundsätze einer demokratischen Hochschulverfassung und Hochschulautonomie ist in jüngster Zeit auch nicht mehr unbestritten: Sie ist beispielsweise durch das im Jahre 1970 in Hessen verabschiedete Hochschulgesetz zerbrochen worden. In Hessen sind aufgrund dieses Gesetzes mit der Habilitation die venia legendi und die rechtliche Stellung als Privatdozent nicht mehr verbunden. Die Problematik dieser Trennung kann hier nicht weiter erörtert werden.[49]

Nach der Habilitation kann der Jurist zum Wissenschaftlichen Rat, Wissenschaftlichen Rat und Professor, Abteilungsvorsteher und Professor, außerplanmäßigen Professor und ordentlichen Professor ernannt werden. Es handelt sich grundsätzlich um Rechtsstellungen, die mit der Übernahme in das Beamtenverhältnis auf Lebenszeit verbunden sind. Honorarprofessoren werden dagegen Praktiker, die neben ihrem Beruf auch durch Leistungen in Forschung und Lehre aufgefallen sind; sie üben ihre Lehrämter ehrenamtlich aus.

Die Rechtsstellung der Hochschullehrer wird durch Art. 5 III GG geprägt, der ihrer Weisungsgebundenheit feste Grenzen setzt. So

[48] *Löwisch*, JZ 1969, 17 ff.
[49] Vgl. Sellert, ZRP 1972, 68 ff.

kann die Beteiligung an der akademischen Selbstverwaltung durch dienstliche Weisungen zwar konkretisiert werden, aber nur soweit, wie die Forschungs- und Lehrfreiheit nicht beeinträchtigt werden. Der Hochschullehrer hat damit unter den Beamten ebenso wie der Richter einen Sonderstatus; im Verhältnis zu den Exekutivbeamten hat er ein hohes Maß an Unabhängigkeit von den politischen staatlichen Autoritäten; denn die Freiheit des Forschens und Lehrens wäre mit einer konkreten Pflicht zur Loyalität gegenüber einer bestimmten Regierung oder einem bestimmten politischen Kurs nicht vereinbar. Die in Art. 5 GG verfassungsrechtlich verbürgte Wissenschaftsfreiheit findet ihren beamtenrechtlichen Ausdruck in der gesetzlichen Bestimmung (z. B. §§ 106 I BRRG und 218 I niedersächsisches LBG), daß Hochschullehrer nur mit ihrer Zustimmung versetzt oder abgeordnet werden können. Wäre der Rechtsstatus anders und könnte ein beamteter Hochschullehrer gegen seinen Willen von seinem Lehrstuhl, aus seinem Fachbereich oder seiner Fakultät durch Abordnung oder Versetzung entfernt werden, so wäre staatlichen Eingriffen in die Wissenschaftsfreiheit Tor und Tür geöffnet. Der Ausschluß solcher Möglichkeiten gehört von jeher zu den wesentlichen Merkmalen des deutschen Hochschulrechts.[50]

Diese den Hochschullehrern besonders als Forschern und Lehrern eingeräumte Freiheit ist aber nicht unbegrenzt. Schon als Prüfer steht der Hochschullehrer notwendigerweise in einem engeren Abhängigkeitsverhältnis zum Staat. Schließlich gebietet Art. 5 III 1 den Hochschullehrern die Treue zur Verfassung, was dennoch viele Professoren nicht daran hindert, für all ihr Tun und Lassen das Privileg dieses Grundgesetzartikels in Anspruch zu nehmen. Streitig ist der Hochschullehrerbegriff im Rahmen der §§ 67 I Verwaltungsgerichtsordnung und 138 I Strafprozeßordnung, nach denen Rechtslehrer den Rechtsanwälten als Prozeßvertreter gleichgestellt sind. Unter Rechtslehrern in diesem Sinne versteht die herrschende Lehre entsprechend § 105 BRRG zu Beamten ernannte Professoren (außerordentliche, ordentliche und emeritierte), Privatdozenten und Honorarprofessoren. Im Rahmen der Hochschulreformen, die in Ermangelung eines entsprechenden Rahmengesetzes des Bundes in den einzelnen Bundesländern auf den verschiedensten Rechtsgrundlagen und Grundanschauungen beruhen, ist der Begriff Hochschullehrer jedoch immer uneinheitlicher geworden. Während man den habilitierten wissenschaftlichen Räten die Stellung eines Hochschullehrers wird zubilligen müssen, dürfte dies bei den Assistenzprofessoren, Akademischen Räten und wissenschaftlichen Assistenten zu vernei-

[50] *OVG Lüneburg*, DÖV 1971, 572 = DVBl. 1971, 698.

nen sein, auch wenn sie einen Lehrauftrag erhalten haben.[51] Eindeutig ist § 7 DRiG in der Neufassung vom 19. 4. 1972 (BGBl. I 1972, 713 ff.), der jeden ordentlichen Professor der Rechte an einer Universität im Geltungsbereich dieses Gesetzes zum Richteramt befähigt, auch wenn ein solcher Professor nicht die erste und zweite Staatsprüfung absolviert hat.

c) Tätigkeit in Forschungseinrichtungen

Durch die derzeitige undurchsichtige Lage an vielen deutschen Universitäten hat der Beruf des Hochschullehrers etwas an Attraktivität und auch an Ansehen in der Öffentlichkeit verloren. Aus diesem Grunde wenden sich einige Hochschullehrer anderen Berufen im Staatsdienst, in der Wirtschaft und der Rechtsanwaltschaft zu. Die Probleme der Hochschulreform gewähren den einzelnen Wissenschaftlern tatsächlich immer weniger Zeit für die eigentliche Forschung. Dies veranlaßt viele Wissenschaftler, in Forschungseinrichtungen des Bundes und der Länder einzutreten, in denen nur geforscht und nicht gelehrt wird. Für Juristen kommen hier insbesondere die Max-Planck-Institute, z. B. für europäische Rechtsgeschichte in Frankfurt am Main und für ausländisches öffentliches Recht und Völkerrecht in Heidelberg, und die sich vermehrenden Forschungsstellen für juristische Dokumentation in Betracht. Die Direktoren der genannten Forschungseinrichtungen lassen sich dann häufig wiederum zu Honorarprofessoren an Universitäten ernennen. Dies zeigt, daß der Beruf des Hochschullehrers dennoch immer wieder große Anziehungskraft auf wissenschaftlich und pädagogisch begabte Juristen ausübt. Gerade die Hochschullehrer der Rechte sind aufgrund ihrer Fachkenntnisse berufen, die Hochschulreformen zu vernünftigen Ergebnissen zu führen.

c) Hochschulverwaltung

Auch die Hochschul*verwaltungen* haben für die von ihnen zu bewältigenden Aufgaben einen Bedarf an Volljuristen, die als Universitätsräte/-oberräte/-direktoren, Regierungsräte, Oberregierungsräte, Regierungsdirektoren, leitende Regierungsdirektoren und Universitätskanzler tätig sind und teilweise nebenamtlich Lehraufträge ausüben.

2. Fachhochschullehrer

a) Technik, Wirtschaft und Sozialarbeit

Die früheren höheren Fachschulen – Ingenieurschulen, höhere technische Lehranstalten, höhere Wirtschaftsfachschulen, Fachschu-

[51] Vgl. *BVerwG*, NJW 1970, 2314 = JZ 1971, 130 m. Anm. *Kimminich*, DÖV 1971, 64 f.

len für Sozialarbeit, Werkkunstschulen – sind inzwischen in fast allen Bundesländern in Fachhochschulen umgewandelt worden. In einigen Bundesländern werden sie mit den wissenschaftlichen und den pädagogischen Hochschulen zu Gesamthochschulen zusammengefaßt. Die höheren Fachschulen haben als Vorgänger der jetzigen Fachhochschulen in Deutschland bereits eine lange Tradition in der Ausbildung zu qualifizierten Berufen, für die eine akademische Ausbildung nicht erforderlich ist. Es sind dies die Berufe des Ingenieurs, Betriebswirts, Sozialarbeiters und Pädagogen.[52]

Die neuen Fachhochschulen heben die frühere Ausbildung der höheren Fachschulen auf eine andere Ebene. Sie sollen auf eine Tätigkeit vorbereiten, die die Anwendung wissenschaftlicher Erkenntnisse und Methoden oder die Fähigkeit zu künstlerischer Gestaltung erfordert. Zuletzt ist dieser Gedanke im Fochhochschulgesetz des Landes Baden-Württemberg vom 21. 12. 1971[53] formuliert worden.[54]

Die neuen Fachhochschulen beschäftigen in unterschiedlicher Zahl – je nach Fachrichtung – Juristen. Interessante Berufsmöglichkeiten eröffnen sich für Juristen insbesondere an den Fachhochschulen für Sozialarbeit. Die Stellenausschreibungen[55] in den Tages-, Wochen- und Fachzeitschriften zeigen einen großen Bedarf an pädagogisch begabten und interessierten Juristen.

Im Unterschied zur Laufbahn eines Hochschullehrers an wissenschaftlichen Hochschulen, für die nach der Promotion grundsätzlich auch die Habilitation verlangt wird, ist für den Fachhochschullehrer die Promotion neben der zweiten Staatsprüfung nicht unbedingt erforderlich. Dieser Berufsweg führt dennoch zum Professor in den Besoldungsgruppen A 15 (Regierungsdirektor) oder H 3. Im Unterschied zur Universität werden nicht so sehr Spezialisten erwartet, sondern Juristen mit der Befähigung, auf breiter Grundlage in mehreren Rechtsfächern unterrichten zu können, z. B. in Sozialrecht (Sozialhilferecht und Jugendhilferecht), Wirtschaftsrecht, Arbeitsrecht, Steuerrecht und Verwaltungsrecht.

b) Gehobener öffentlicher Dienst

Die bisherigen Fachhochschulgesetze haben die Landesregierungen ermächtigt, für die Ausbildung des gehobenen Dienstes in der Rechtspflege und in der öffentlichen Verwaltung staatliche Fachhochschulen zu errichten. Regierungs-, Bibliotheks-, Archiv- und Justizinspektoren, Rechtspfleger, Revierförster und Polizeikommis-

[52] Vgl. hierzu ausf. *Walter Chilian,* JuS 1971, 552; *von Nieding,* JuS 1971, 109.
[53] GBl. 1972, 7 ff.
[54] Vgl. Gesetzgebungsübersicht, JuS 1972, 227.
[55] Vgl. mehrere Anzeigen in: „Die Zeit“, Nr. 21 v. 26. 5. 1972, S. 44.

sare u. a. werden also in Zukunft Studenten von Fachhochschulen werden, wo sie ein fachwissenschaftliches Studium absolvieren. Bisher erfuhren sie ihre Ausbildung in praktischen Einführungen, berufsbegleitendem Unterricht und in mehr oder weniger langen Lehrgängen. Die Lehrer der zukünftigen Fachhochschüler werden nicht mehr überwiegend Praktiker sein, die nebenamtlich – so bisher in der inneren Verwaltung – oder auf bestimmte Zeit – so bisher bei der Justiz – Unterricht erteilen. Vielmehr werden hauptamtlich tätige Juristen sich ganz auf die Lehraufgaben konzentrieren können. Der nebenamtlich unterrichtende Praktiker wird trotzdem seine gefestigte pädagogische Stellung beibehalten, um die Austauschbarkeit von Theorie und Praxis bei der Ausbildung des Nachwuchses des gehobenen Dienstes zu gewährleisten.

Auch hier sei interessierten Juristen empfohlen, die Stellenausschreibungen in der Tages-, Wochen- und Fachpresse aufmerksam zu beobachten.[56]

3. Lehrer an allgemeinbildenden Schulen

a) Rechtskundlicher Unterricht

Nach einem Entschluß der 36. Justizministerkonferenz[57] soll auch an allgemeinbildenden Schulen Rechtsunterricht von Juristen erteilt werden, um den künftigen Staatsbürgern die Wertentscheidungen und Ordnungsinhalte unseres Rechtssystems durch Fachleute verständlich zu machen.[58] In Verfolg dieses Entschlusses sollen zum Beispiel in Hessen Juristen als eigenverantwortliche Lehrkräfte im Rahmen des Faches „Wirtschaftskunde" der berufsbildenden Schulen und als Leiter von rechtskundlichen Arbeitsgemeinschaften an Gymnasien eingesetzt werden.[59] Auch in Rheinland-Pfalz ist beabsichtigt, Volljuristen in den Abgangsklassen der Haupt-, Real-, Berufs- und Landwirtschaftsschulen und in den Klassen 12 der höheren Schulen rechtskundliche Unterrichtsreihen von sechs Doppelstunden durchführen zu lassen; dies soll im Rahmen des Gemeinschaftskundeunterrichts oder freiwilliger Arbeitsgemeinschaften geschehen. Die Landgerichtspräsidenten und Generalstaatsanwälte, eigenartigerweise aber nicht auch die Regierungspräsidenten, werden Listen geeigneter juristischer Lehrkräfte aufstellen.[60]

In West-Berlin erhalten die Schüler der 10. Oberschulklassen viermal im Jahr eine Doppelstunde über rechtskundliche Themen im

[56] Vgl. „Die Zeit" 1972, Nr. 9, S. 48; NJW H. 8/1972, S. VIII.
[57] Abgedr. in DRiZ 1968, 380f.
[58] Vgl. *Stiebeler,* NJW 1972, 283.
[59] „Frankfurter Rundschau" v. 26. 1. 1971, zitiert in: DRiZ 1971, 121.
[60] Vgl. DRiZ 1971, 237.

Rahmen des Faches Sozial- und Weltkunde. Daneben werden freiwillige juristische Arbeitsgemeinschaften angeboten. Die Landeszentrale für politische Bildungsarbeit führt Referentenverzeichnisse mit pädagogisch geeigneten Juristen; die Justizverwaltung veranstaltet Seminare zur Vorbereitung solcher Referenten.[61]

Interessant ist, daß sich viele Lehrer sperren, Juristen als sogenannte Nichtpädagogen unterrichten zu lassen.[62] Gerade das sollte jedoch pädagogisch begabte Juristen reizen, die Pädagogen von der Notwendigkeit des Rechtsunterrichts durch Fachkräfte zu überzeugen. Nebenamtlich gegebener Unterricht gibt Juristen außerdem Gelegenheit, ihre pädagogische Eignung zu testen, um sich später an Fachhochschulen als hauptamtliche Dozenten bewerben zu können. Ein gewisser finanzieller Anreiz ist dadurch gegeben, daß die nebenamtlichen Lehrkräfte Honorare erhalten, beispielsweise im Lande Berlin in Höhe von 35 DM pro Doppelstunde.

Eine *hauptberufliche* Unterrichtstätigkeit für Juristen an allgemeinbildenden Schulen wird jedoch nur in Ausnahmefällen möglich sein. Sie scheitert schon an der starken Zunahme der Staatsprüfungen für das Amt des Studienrats in dem Fach „Sozialkunde", die zu einem Überangebot an Sozialkundelehrern führen wird. Die im Interesse einer Objektivierung des Unterrichts in diesem Fach an sich dringend notwendige hauptamtliche Beschäftigung von Volljuristen wird daher von den Schulverwaltungen nicht als notwendig erachtet werden.[62a] Gewisse Ausnahmen bestehen im Berufsschulbereich, wo insbesondere an Berufsfachschulen gelegentlich auch Juristen als hauptamtliche Pädagogen eingestellt werden.

b) Unterrichtsmittel

Der Rechtsunterricht an allgemeinbildenden Schulen soll die Lücke auf dem Gebiet der Rechtsinformation schließen. Rechtzeitig zu dem Anlaufen dieser Unterrichtstätigkeit in den meisten Bundesländern erscheint seit Oktober 1971 die neue Zeitschrift „Recht und Gesellschaft, Zeitschrift für Rechtskunde".[63] In ihren Lehrinhalten und Lehrzielen, nämlich den Bürger zur selbständigen Wahrnehmung seiner rechtlichen Interessen zu befähigen und ihm die Grenzen seiner Rechte zu verdeutlichen, wendet sich die Zeitschrift an Juristen ohne pädagogische Schulung und an Pädagogen ohne juristische Ausbildung; sie wird überwiegend von pädagogisch tätigen Juristen gestaltet.

[61] Vgl. „Der Tagesspiegel" – Berlin – v. 21. 11. 1971, S. 13.
[62] Vgl. DRiZ 1971, 285.
[62a] Vgl. „Am Bedarf vorbei studiert" in: „Der Tagesspiegel" v. 10. 8. 1972, S. 9.
[63] Hrsg. von *Rudolf Gerhardt, Axel Görlitz, Ludwig Helbig* und *Hermann Weber* im Verlag C. H. Beck, München.

4. Repetitor

a) Aufgabe und Tradition

Der größte Teil der Juristen erhält einen entscheidenden Anteil seiner Ausbildung bei einem Repetitor. In jeder Universitätsstadt und an jedem Sitz eines Oberlandes- oder Kammergerichts sind Repetitoren tätig. Meist überdurchschnittlich qualifizierte und pädagogisch begabte Juristen, übernehmen sie die Vorbereitung der Kandidaten auf die erste und zweite juristische Staatsprüfung. Der Repetitor erfüllt Aufgaben, die bisher von den anderen an der juristischen Ausbildung beteiligten Stellen nicht oder nicht ausreichend erfüllt worden sind.[64] Fast jeder Jurist denkt mit einem lachenden und einem weinenden Auge an seine Repetitoren, die teilweise zu legendären Gestalten wurden. Lächelnd, weil der Unterricht bei Repetitoren in der Regel zwar sehr konzentriert, aber häufig auch sehr humorvoll gestaltet wird; weinend, weil ein beträchtlicher Betrag aus dem studentischen Monatswechsel bzw. dem bescheidenen Referendargehalt als Gegenleistung für durchaus intensive und erfolgreiche Unterrichtstätigkeit in die Geldbörse des privaten Rechtslehrers floß. Das von den Steuerbehörden nicht leicht zu kontrollierende Einkommen guter Repetitoren ist überdurchschnittlich hoch und wird es wohl auch nach Vollendung einer Ausbildungsreform bleiben: Es ist unrealistisch zu glauben, daß sich gute Repetitoren nicht auf eine jede Juristenausbildung einstellen werden. Nach dem Gesetz zur Änderung des deutschen Richtergesetzes kann auf Antrag des Referendars der Vorbereitungsdienst bis zu drei Monaten zur dienstfreien Vorbereitung auf die Prüfung verlängert werden. Dieser bezahlte Urlaub wird von cleveren Repetitoren sicherlich für eine dreimonatige intensive private Rechtsschule genutzt werden, bestimmt nicht zum Schaden der an diesen Kursen teilnehmenden Kandidaten.[65] Man mag positiv oder negativ gegenüber der Einrichtung privater Repetitoren eingestellt sein,[66] auf jeden Fall hat der Repetitor in der deutschen Juristenausbildung eine alte Tradition, die sich auch bei künftigen Juristengenerationen fortsetzen dürfte.

b) Rechtsanwälte und Repetitoren

Auch die Ehrengerichtsbarkeit der Rechtsanwaltschaft geht davon aus, daß die Tätigkeit eines Repetitors nicht außerhalb des Berufes

[64] *P. Schneider*, Aufgaben des Repetitors, in: „Zur Sache – Reform der Juristenausbildung“, S. 89 ff.; *Oehler*, S. 43 f.

[65] Dagegen *Dichgans* in: „Zur Sache – Reform der Juristenausbildung“, S. 182.

[66] Vgl. *Dichgans*, JZ 1971, 565; *Kübler*, in: „Zur Sache – Reform der Juristenausbildung“, S. 107.

eines Rechtsanwalts liege; der Rechtsanwalt sei an sich schon als Organ der Rechtspflege verpflichtet, bei der Ausbildung des juristischen Nachwuchses mitzuwirken.[67] Die Tätigkeit des Rechtsanwalts und die des Repetitors ergänzen einander. Der Repetitor macht sich bei der Ausbildung seiner Schüler die Erfahrungen aus dem Anwaltsberuf zunutze, und seine Hörer erwarten von ihm gerade deshalb eine praxisnahe und wirksame Ausbildung. Ein Rechtsanwalt, der bei der Ausbildung von Studenten oder Referendaren aber seine Hand zu einer Täuschung des Prüfungsamtes bietet, zum Beispiel durch Überlassen eines sogenannten „Vorstücks", d. h. eines Abdrucks einer von einem früheren Kandidaten erarbeiteten Lösung der Aufgabe, an einem erneut mit dieser Aufgabe betrauten Kandidaten, begeht eine im Ehrengerichtsverfahren zu ahndende Pflichtwidrigkeit.

c) Beamte als Repetitoren

Die Repetitortätigkeit kann auch von im öffentlichen Dienst stehenden Juristen als Nebentätigkeit ausgeübt werden; sie ist sogar als pädagogische Tätigkeit genehmigungsfrei[68] und ist mit dem Ansehen des Beamten und des Richters in der Öffentlichkeit durchaus vereinbar.

d) Zukunft des Berufs

Die meisten der Repetitoren üben ihre private Lehrtätigkeit als unabhängige und selbständige Unternehmer aus, denen teilweise modernste Unterrichtsräume und Lehrmittel zur Verfügung stehen. Der gute Repetitor bemüht sich, eine Ergänzung zu dem von der Universität gebotenen kritischen und wissenschaftlichen Studium zu bieten; für ihn ist es durchaus sachgerecht, in didaktisch geschickter Form, sein Repetitorium auf das lokale Prüfungsamt zuzuschneiden; dies kann, muß aber nicht zu einer unkritischen Hinnahme vorgefertigter Lehrmeinungen führen. Die für den Juristennachwuchs Verantwortlichen sollten daher nicht nur gegen die Repetitoren arbeiten, sondern befähigte und gegenüber den Prüfungsämtern loyale Juristen in diesem pädagogischen Beruf unterstützen.

Die Universitäten und Ausbildungsbehörden werden auch in Zukunft die pädagogischen Aufgaben nicht durch Personen wahrnehmen lassen können, die sich ausschließlich dieser Aufgabe widmen. Selbst die wenigen pädagogisch begabten Juristen werden in der

[67] *EGH Stuttgart*, AnwBl. 1970, 368.

[68] Vgl. § 66 Nr. 2, 69 BBG und VOen über die Nebentätigkeit von Beamten und Richtern im Bundesdienst v. 22. 4. 1964 (*Sartorius* Nr. 177) bzw. v. 15. 10. 1965 (*Sartorius* Nr. 177 a).

Regel nicht bereit sein, langfristig auf eigene wissenschaftliche Forschung oder auf praktische Arbeit in ihrem Beruf zu verzichten. Man sollte daher die Tätigkeit des Repetitors als freien Beruf fördern, in dem sich im freien Spiel der Kräfte nur der tüchtige Pädagoge behauptet.[69] Universitäten und Ausbildungsbehörden sollten die Repetitoren nicht als Konkurrenz bekämpfen, sondern sie bei ihrer Tätigkeit unterstützen. Die Arbeit guter Repetitoren trägt dazu bei, die Studien- und die Referendarzeit entscheidend zu verkürzen.

Aufgaben und Einkommen des Repetitors bieten jedenfalls fachlich qualifizierten und pädagogisch begabten Juristen mit Interesse für diesen Beruf ein lohnendes Tätigkeitsfeld.

[69] *Ramm*, S. 12.

4. Teil. Juristen ohne Staatsprüfung

I. Juristen mit abgebrochenem Studium

1. Berufsmöglichkeiten trotz Studienabbruchs

Mehr als 20% aller Studenten in der Bundesrepublik Deutschland verlassen die wissenschaftlichen Hochschulen, ohne ein Examen abgelegt zu haben; bei den Juristen liegt dieser Prozentsatz mit 17% etwas unter dem Durchschnitt.[1] Nicht berechnet ist hier allerdings die Differenz der bestandenen ersten zu den bestandenen zweiten juristischen Staatsexamen. Die Gesamtausfallquote, die sich aus der Differenz zwischen der Zahl der Studienanfänger und dem bestandenen Assessorenexamen errechnet, liegt höher und variiert stark.[2]

Die Berufschancen der Studienabbrecher sind skeptisch zu beurteilen. In der Wirtschaft wird vermutet, daß bei denjenigen, die ihr Studium abgebrochen haben, auch Schwierigkeiten des Berufes nicht bewältigt werden. Die Gründe des Studienabbruchs werden meist nicht näher geprüft, woraus sich Ungerechtigkeiten ergeben. Die Wirtschaft sieht im Examen weniger den fachlichen Leistungsnachweis, sondern mehr die Bestätigung für die Fähigkeit und den Willen, ein gesetztes Ziel zu erreichen. Den Studienabbrechern werden eher Bewerber vorgezogen, die ohne Studium den Abschluß einer Lehre nachweisen können.[3] Es ist in Wirtschaft und Verwaltung Erfahrungstatsache, daß Studienabbrecher häufig mit ihrer beruflichen Situation unzufrieden sind und so das Betriebsklima gefährden.[4]

2. Aussichten in der Wirtschaft

Die Berufsaussichten von Studienabbrechern in der Wirtschaft sind je nach begonnener Studienrichtung unterschiedlich. Juristen, die ohne Examen (oder auch nur mit erstem Examen) eine berufliche Tätigkeit aufnehmen und ausüben müssen, sind glücklicherweise besser daran als Studenten anderer Fachrichtungen. Solche in ihrer Ausbildung gescheiterte Juristen können heute immerhin ohne Schwierigkeiten in den Dienst von Versicherungen, Bauspar-

[1] Vgl. „Analysen“ Februar 1972, S. 25.
[2] Vgl. *Wißmann*, AnwBl. 1971, 71 ff.
[3] Vgl. *Lambert*, zit. in Analysen, Februar 1972, S. 26.
[4] *Schäfer*, Analysen, Februar 1972, S. 27.

kassen und Banken eintreten. In diesem Bereich gibt es Arbeitgeber, die sogar mit Vorliebe Juristen mit abgebrochener Ausbildung einstellen, da diese zwar genügend juristische Vorkenntnisse haben, um als Sachbearbeiter erfolgreich eingesetzt werden zu können, aber andererseits keine großen Ansprüche stellen und häufig auch keinen Ehrgeiz mehr auf eine juristische Karriere haben.[5]

Juristen ohne erstes oder nur mit erstem Staatsexamen werden daher auf der Sachbearbeiterebene stehenbleiben, d. h. sie sind den Mitarbeitern mit mittlerer Reife und abgeschlossener Lehre in etwa gleichgestellt. Weitere Aufstiegsmöglichkeiten sind nur in Ausnahmefällen gegeben, da die höheren und besser dotierten Positionen von Volljuristen oder sogar von Abiturienten mit abgeschlossener kaufmännischer oder Banklehre eingenommen werden.

3. Aussichten im öffentlichen Dienst

Die staatlichen Stellen des höheren Dienstes bleiben den Studienabbrechern und den Juristen ohne zweite Staatsprüfung grundsätzlich verschlossen. Studienabbrecher müssen daher eine Ausbildung nachholen, indem sie sich als Inspektorenanwärter ausbilden lassen. Obwohl viele Beamte des gehobenen Dienstes aufgrund weit überdurchschnittlicher Qualifikation oder parteilicher bzw. gewerkschaftlicher Beziehungen in den höheren öffentlichen Dienst aufsteigen, ist ein abgebrochenes Studium für einen solchen Berufsweg mit dem Ziel, doch noch in den höheren Dienst zu kommen, meist aussichtslos; hier wird der Mißerfolg im Studium immer als Negativum gewertet werden.

Interessant ist, daß den Prüfungskommissionen, zum Beispiel des höheren Bibliotheksdienstes, entsprechend den Vorschriften einiger Landeslaufbahnverordnungen[6] die Möglichkeit eröffnet ist, Referendaren, die die große Staatsprüfung nicht bestanden haben, die Befähigung für die Laufbahn des gehobenen Dienstes, z. B. als Diplombibliothekare, zu erteilen, wenn die nachgewiesenen Kenntnisse hierfür ausreichen. Manchem Gerichtsreferendar, der die zweite juristische Staatsprüfung auch im Wiederholungsfalle nicht bestanden hat, wäre sehr gedient, wenn ihm die Möglichkeit gegeben werden könnte, als Justizinspektor, Rechtspfleger oder Regierungsinspektor tätig zu werden, und später sogar in Ausnahmefällen als sogenannter Aufstiegsbeamter doch noch in den höheren Dienst der Verwaltung aufsteigen zu können. Die Justizausbildungsordnungen sehen diese Möglichkeit leider nicht vor, obwohl sie

[5] Vgl. *Kroeber-Kenneth*, Analysen, Februar 1972, S. 27.
[6] Z. B. § 30 II LVONRW.

auch im Interesse der öffentlichen Hand liegen würde. Bei dem zur Zeit bestehenden und auch in naher Zukunft bestehen bleibenden Mangel an qualifizierten Beamten des gehobenen Dienstes, könnten die von den Referendaren und den Ausbildungskörperschaften investierten Anstrengungen zum Wohl der erfolglosen Prüfungskandidaten und der staatlichen Behörden genutzt werden.

II. Laufbahnen im öffentlichen Dienst

1. Überblick über die Laufbahnen

Das Angebot an beruflichen Laufbahnen des gehobenen öffentlichen Dienstes ist im Verhältnis zu dem, was die Wirtschaft an vergleichbaren Berufsmöglichkeiten zu bieten hat, ausgesprochen vielfältig. Viele Berufe des gehobenen öffentlichen Dienstes sind speziell auf Abiturienten zugeschnitten, die kein Hochschulstudium anstreben oder es nach wenigen Semestern abbrechen. Eine lange Tradition haben beispielsweise die Laufbahnen des Regierungs-, Bundesbahn-, Post-, Finanz-, Zoll-, Gemeinde-, Stadt-, Kreis- und des Justizinspektors, des Konsulatssekretärs (auswärtiger Dienst) und des Polizeikommissars. Einen immer größer werdenden Bedarf an qualifizierten Inspektoren hat auch die Arbeits- und Sozialverwaltung.

Je nach Angebot und Nachfrage des Nachwuchses werden unterschiedliche Anforderungen für die Einstellung als Inspektoranwärter – Beamter auf Widerruf – gestellt. An Eigenschaften werden Verantwortungsbewußtsein, Organisationsvermögen, Verständnis für wirtschaftliche Zusammenhänge, absolute Unbestechlichkeit, guter Gesundheitszustand (im auswärtigen Dienst zusätzlich Tropentauglichkeit) und Sprachkenntnisse gefordert. Der Vorbereitungsdienst dauert in der Regel drei Jahre und endet mit der Laufbahnprüfung für den gehobenen Dienst.

Abiturienten, die einmal an den Beruf des Juristen als Ausbildungsziel gedacht haben und dieses Ziel aus irgendeinem Grunde aufgeben mußten und dennoch in den öffentlichen Dienst eintreten wollen, sollten den Berufen des Rechtspflegers, des Polizeibeamten und des Bundesgrenzschutzoffiziers den Vorzug geben. Einmal liegen hier die Rechtsfächer im Vordergrund der Ausbildung und späteren Berufstätigkeit, zum anderen sind die Chancen zu selbständiger und unabhängiger Arbeit, z. B. beim Rechtspfleger, und die Chancen des Aufstiegs in den höheren Dienst, z. B. beim Polizeibeamten, besonders gut. Im Polizeidienst werden nur ein geringer Teil der Stellen des höheren Dienstes von Juristen eingenommen, die anderen Bewerber kommen aus der Ausbildung der Polizei.

2. *Rechtspfleger*

Einer der jüngsten Berufe im gehobenen Justizdienst ist der im Jahre 1959 durch das inzwischen erneuerte Rechtspflegergesetz[7] geschaffene Beruf des Rechtspflegers. Dieser Beruf ist aus dem Beruf des Justizinspektors, den es im Bereich der Justizverwaltung nach wie vor gibt, hervorgegangen. Seiner schon angesehenen Stellung entsprechend ist dem Rechtspfleger eine relativ große Verantwortung im Bereich der Justiz übertragen worden. Hinsichtlich seiner Rechte und Pflichten ist er dem Richter, soweit er an dessen Stelle tritt, gleichgestellt; da der Rechtspfleger jedoch keine Aufgaben der Rechtsprechung wahrnehmen darf, ist er nicht Richter i. S. der Gewaltenteilung (dritte Gewalt).[8] Dennoch hat er die gleiche Prüfungs- und Entscheidungspflicht und die gleichen verfahrensrechtlichen Befugnisse wie ein Richter. Die ureigenste Domäne des Rechtspflegers ist das Gebiet der Freiwilligen Gerichtsbarkeit, die sich mit Vormundschafts-, Nachlaß-, Register- und Grundbuchsachen und mit Beurkundungen befaßt. Der Rechtspfleger überwacht die Tätigkeit der Vormünder und Pfleger, erteilt Erbscheine und bearbeitet Anträge auf Eintragungen im Grundbuch und Handelsregister.

Von besonderer Bedeutung ist die Tätigkeit des Rechtspflegers in der Strafjustiz. Ihm ist hier anstelle des Staatsanwalts die gesamte Strafvollstreckung übertragen worden. Mit diesen in den Bereich des Amtsgerichts und des Landgerichts fallenden Aufgaben sind jedoch die Tätigkeiten des Rechtspflegers noch nicht erschöpft. Wer Neigung und Begabung zur Verwaltungstätigkeit mitbringt, kann auch als Geschäftsleiter, Personalsachbearbeiter oder Bezirksrevisor in der Justizverwaltung tätig werden.

Der dreijährige Vorbereitungsdienst ist bereits auf das Studium an einer Fachhochschule ausgerichtet.[9] Er gliedert sich dementsprechend in vier Hauptabschnitte:

- 6 Monate praktische Ausbildung bei einem mittleren oder kleinen Amtsgericht bzw. einem Notariat,
- 12 Monate fachwissenschaftlicher Lehrgang an einer Rechtspflegerschule,
- 15 Monate praktische Ausbildung bei einem großen Amtsgericht, einem Landgericht und einer Staatsanwaltschaft und
- 3 Monate fachwissenschaftlicher Abschlußlehrgang an der Rechtspflegerschule.

Nach Beendigung des Vorbereitungsdienstes legt der Anwärter die Rechtspflegerprüfung ab.

Bei Anstellung auf Lebenszeit werden die Rechtspfleger zu Justizinspektoren ernannt. Nach mehrjähriger erfolgreicher Tätigkeit

[7] I. d. F. v. 5. 11. 1969, BGBl. I, S. 2065 ff.

[8] *Blaesing*, NJW 1971, 1436 ff.

[9] Vgl. hessischer Minister der Justiz, AnwBl. 1970, 48.

können sie über den Justizoberinspektor, den Justizamtmann, den Justizoberamtmann (bzw. Justizamtsrat) bis zum Justizoberamtsrat aufrücken. Nach der Ableistung einer Zusatzausbildung kann es ein an der Strafrechtspflege interessierter Rechtspfleger zum Amtsanwalt, Oberamtsanwalt und Erstem Oberamtsanwalt bringen, die bei den Amtsgerichten die Aufgaben von Staatsanwälten wahrnehmen. Unter den Amtsanwälten finden sich viele Juristen, die zwar die erste, nicht aber die zweite juristische Staatsprüfung bestanden haben.

Im Hinblick auf die Bedeutung des Berufes des Rechtspflegers forderte der Rechtspflegertag im Jahre 1971 einen laufbahnbezogenen akademischen Studiengang von sechs Semestern im Rahmen einer Gesamthochschule und zusätzlich ein praktisches Jahr.[10] Die Juristen sollten diese Entwicklungen ernsthaft zur Kenntnis nehmen;[11] denn im Verhältnis von Volljuristen zu Rechtspflegern verschlechtern sich die Aussichten der Juristen wegen der verlängerten und verbesserten Ausbildung der Rechtspfleger und der verkürzten und sich leider langsam und daher kaum merkbar verschlechternden Ausbildung der Juristen.[12]

3. *Polizei der Länder*

Die Laufbahn des Beamten der Vollzugspolizei der Länder ist eine Einheitslaufbahn, d. h. jeder Beamter hat unabhängig von seiner Vorbildung die Chance, bis in die höchsten Ämter aufzusteigen. Die Beamten haben eine Folge von Lehrgängen abzuleisten, deren Bestehen jeweils Voraussetzung für entsprechende Befähigungen sind.

Die meisten Bundesländer gewähren den Abiturienten Vorzugsbestimmungen durch Verkürzung des Ausbildungsgangs. Bereits nach vier Dienstjahren kann die Teilnahme an einem Polizei- oder Kriminalkommissarlehrgang an einer Landespolizeischule oder am Polizei-Institut Hiltrup bei Münster ermöglicht werden. Der Aufstieg in den höheren Dienst – Polizeirat, Kriminalrat usw. – wird von dem erfolgreichen Bestehen eines Lehrgangs für den höheren Dienst der Polizei am Polizei-Institut Hiltrup abhängig gemacht. An diesen bundeseinheitlichen Lehrgängen nehmen qualifizierte Polizei- und Kriminalkommissare aus allen Bundesländern teil; es handelt sich also durchweg um nicht akademisch vorgebildete Lehrgangsteilnehmer. Die ständige Konferenz der Innenminister (-senatoren)

[10] Vgl. DRiZ 1971, 31.
[11] Sehr kritisch *Widerer,* JVBl. 1971, 145 ff., 169 ff.
[12] Vgl. Glosse von *Löwe,* JZ 1972, 176 ff.

der Länder hat am 28. 4. 1972 beschlossen, das Polizei-Institut in Hiltrup in eine Polizeiführungsakademie umzuwandeln, in der die zukünftigen höheren Beamten des Polizeivollzugsdienstes im Rahmen einer zweijährigen Ausbildung ein Jahr lang von Wissenschaftlern und Praktikern ausgebildet werden sollen.[13]

4. *Kriminalpolizeidienst des Bundes*

Nach §§ 14 ff. der kriminalpolizeilichen Laufbahnverordnung des Bundes vom 23. 7. 1971[14] nehmen Abiturienten, die in den gehobenen Kriminaldienst eintreten wollen, als Kriminalkommissaranwärter an einem dreijährigen Vorbereitungsdienst teil, wobei Zeiten einer für die Kriminalpolizei förderlichen Berufstätigkeit innerhalb und außerhalb des öffentlichen Dienstes bis zu einem Jahr angerechnet werden können. Inwieweit ein abgebrochenes juristisches Studium hierbei berücksichtigt werden kann, wird im Einzelfall entschieden.[15]

5. *Bundesgrenzschutz*

Die Offiziere des Bundesgrenzschutzes sind Polizeivollzugsbeamte des Bundes und nicht Soldaten. Für die dreijährige Offiziersausbildung ist wie bei der Bundeswehr unter anderem das Abitur Voraussetzung für die Einstellung.

III. Freie Berufe

1. *Rechtsbeistand und Prozeßagent*

Die Landgerichtspräsidenten können auch Juristen ohne Staatsexamen die Erlaubnis erteilen, fremde Rechtsangelegenheiten zu besorgen, wenn sie die erforderliche Zuverlässigkeit und Sachkunde besitzen.[16] Sachkunde und Eignung sind durch genaue Angaben über den Ausbildungsgang und die bisherige berufliche Tätigkeit darzulegen und soweit wie möglich durch Zeugnisse zu belegen. Juristen, die zwar die erste, nicht aber die zweite Staatsprüfung bestanden haben, dürfte dieser Nachweis gelingen. Aber auch Juri-

[13] Vgl. „Der Tagesspiegel" v. 29. 4. 1972, S. 7.

[14] BGBl. I, 1110 ff.

[15] Vgl. im übrigen oben 3. Teil, I 4 (höherer Kriminaldienst).

[16] Vgl. § 157 Zivilprozeßordnung und §§ 6, 8 und 11 der ersten Ausführungsverordnung zum Rechtsberatungsmißbrauchgesetz (Schönfelder Nr. 99, 99 a und b).

sten, die bereits in der ersten Staatsprüfung gescheitert sind, sollten einen solchen Versuch wagen. Es gibt sogar Rechtsbeistände, die ihr Schild mit dem Dr. jur. zieren können, zum Rechtsanwalt aber deshalb nicht zugelassen werden, weil sie in der zweiten Staatsprüfung gescheitert sind.

Neben der Berufsbezeichnung „Rechtsbeistand" dürfen in der Regel auf den Briefköpfen und den Praxisschildern keine weiteren Zusätze geführt werden, die auf besondere Spezialgebiete hinweisen würden. Allerdings können beschränkte Erlaubnisse zur Besorgung fremder Rechtsangelegenheiten erteilt werden, wobei entsprechende Hinweise zu führen sind.[17]

2. *Bürovorsteher*

Rechtsanwälte, Notare, Steuerberater und Wirtschaftsprüfer werden nur in bestimmten Ausnahmefällen einem in den juristischen Examen gescheiterten Juristen den für sie sehr wichtigen Posten eines Bürovorstehers anvertrauen. Sie werden normalerweise Personen bevorzugen, die eine Anwaltsgehilfenprüfung bestanden haben oder aus dem öffentlichen Dienst ausscheiden, insbesondere Beamte des mittleren und gehobenen Justizdienstes. Dennoch können Juristen mit gescheiterter juristischer Ausbildung den Versuch wagen, als Bürovorsteher in dem ursprünglich angestrebten Beruf eine Tätigkeit aufzunehmen. Hier sollten interessierte Juristen Kontakt zum Landgerichtspräsidenten oder zu den Rechtsanwalts-, Notar-, Steuerberater- und Wirtschaftsprüferkammern aufnehmen.

[17] Vgl. Aufsichtsschreiben eines Landgerichtspräsidenten in AnwBl. 1970, 73.

Anhang I

In der BRD bestandene und nicht bestandene Referendar- und Assessorexamen in den Jahren 1959–1971[1]

	1. jurist. Staatsprüfung		2. jurist. Staatsprüfung	
	bestanden	n. bestanden	bestanden	n. bestanden
1959	3771	743 (19,7%)	2644	336 (12,7%)
1960	4242	882 (19,8%)	2520	347 (13,8%)
1961	4167	884 (21,2%)	2441	299 (12,2%)
1962	4179	875 (20,9%)	2627	321 (12,2%)
1963	3918	768 (19,6%)	2966	335 (11,3%)
1964	3429	647 (18,9%)	3182	337 (10,6%)
1965	3238	540 (16,7%)	3245	326 (10,0%)
1966	3337	487 (14,6%)	3457	348 (10,1%)
1967	3708	619 (16,7%)	4024	388 (9,6%)
1968	4070	605 (14,8%)	3731	331 (8,9%)
1969	5098	643 (12,6%)	3252	292 (9,0%)
1970	4311	599 (13,9%)	2956	198 (6,7%)
1971	4194	662 (15,8%)	3193	193 (6,0%)

[1] JuS 1961, 40, 72 (1959), 204 (1960); 1962, 288; 1963, 252; 1964, 212; 1965, 164, 208; 1966, 208; 1967, 240; 1968, 248; 1969, 248; 1970, 260; 1971, 328; 1972, 356.

Anhang II

Tabelle der Grundvergütungen für die unter die Anlagen 1a und 5 zum BAT fallenden Angestellten[1] nach Vollendung des 21. bzw. 23. Lebensjahres

(§ 27 Abschn. A BAT)

	Grundvergütung der Lebensaltersstufe nach vollendetem Lebensjahr (monatlich in DM)												
Verg.-Gruppe	23.	25.	27.	29.	31.	33.	35.	37.	39.	41.	43.	45.	47.
ADO (übertariflich)	—	—	—	2363,92	2474,16	2584,40	2694,64	2804,88	2915,12	3025,36	3135,60	3245,84	3356,08
Ia	1874,08	1959,74	2045,40	2131,06	2216,72	2302,38	2388,04	2473,70	2559,36	2645,02	2730,68	2816,34	2898,48
Ib	1666,08	1748,43	1830,78	1913,13	1995,48	2077,83	2160,18	2242,53	2324,88	2407,23	2489,58	2571,93	2654,08
IIa	1476,80	1552,44	1628,08	1703,72	1779,36	1855,00	1930,64	2006,28	2081,92	2157,56	2233,20	2308,80	

Ortszuschlag für die unter die Anlagen 1a und 1b zum BAT sowie für die unter die ADO für übertarifliche Angestellte im öffentlichen Dienst fallenden Angestellten

Vergütungs-gruppen	Orts-klasse	Stufe 1 ledig	Stufe 2 verheiratet	Stufe 3 (bei einem kinderzuschlags-berechtigten Kind)
		Monatsbeträge in DM		
ADO,	S	347,—	431,50	476,—
Ia bis IIb	A	329,—	408,—	452,50
III bis Va/b	S	304,50	377,50	422,—
Kr. VII bis Kr. XII	A	297,—	367,—	411,50
Vc bis X,	S	281,50	355,50	400,—
Kr. I bis Kr. VI	A	274,50	344,50	389,—

Bei mehr als einem kinderzuschlagsberechtigendem Kind erhöht sich der Ortszuschlag für jedes weitere zu berücksichtigende Kind, und zwar für das zweite bis zum fünften Kind um je 52,— DM
für das sechste und die weiteren Kinder um je 64,50 DM.

Kinderzuschlag: monatlich 50,— DM für jedes Kind

[1] GMBl. 1972, S. 150 und 152

Anhang III

Übersicht über die Grundgehaltssätze für Bundes-, Landes- und Kommunalbeamte[1]

I. Besoldungsordnung A (Aufsteigende Gehälter)

a) Grundgehälter

Besoldungsgruppe	Ortszuschlag Tarifklasse	Dienstaltersstufe						
		1	2	3	4	5	6	7
A 1	II	478,80	500,38	521,96	543,54	565,12	586,70	608,2
A 2		517,31	538,89	560,47	582,05	603,63	625,21	646,7
A 3		566,42	589,22	612,02	634,82	657,62	680,42	703,2
A 4		594,47	620,83	647,19	673,55	699,91	726,27	752,6
A 5		621,44	651,48	681,52	711,56	741,60	771,64	801,6
A 6		668,00	699,15	730,30	761,45	792,60	823,75	854,9
A 7		735,56	766,71	797,86	829,01	860,16	891,31	922,4
A 8		778,55	816,93	855,31	893,69	932,07	970,45	1008,8
A 9	Ic	893,66	933,27	972,88	1012,49	1052,10	1091,71	1131,3
A 10		997,48	1046,66	1095,84	1145,02	1194,20	1243,38	1292,5
A 11		1162,01	1212,41	1262,81	1313,21	1363,61	1414,01	1464,4
A 12		1265,62	1325,71	1385,80	1445,89	1505,98	1566,07	1626,1
A 12 a		1352,15	1414,46	1476,77	1539,08	1601,39	1663,70	1726,0
A 13	Ib	1434,16	1499,03	1563,90	1628,77	1693,64	1758,51	1823,3
A 13 a		1471,62	1544,83	1618,04	1691,25	1764,46	1837,67	1910,8
A 14		1476,01	1560,13	1644,25	1728,37	1812,49	1896,61	1980,7
A 15		1664,50	1756,96	1849,42	1941,88	2034,34	2126,80	2219,2
A 16		1850,07	1957,00	2063,93	2170,86	2277,79	2384,72	2491,6

b) Unwiderrufliche Stellenzulagen (Endgrundgehaltszulagen)
BesGr. A 8, Fußnote 1: 5,82 DM; BesGr. A 12, Fußnote 1: 0,— DM.

c) Erhöhungsbeträge zum Grundgehalt
BesGr. A 15, Fußnote 4: 423,16 DM; BesGr. A 10, Fußnote 4: 423,10 DM.

II. Besoldungsordnung B (Feste Gehälter)

Besoldungsgruppe	B 1	B 2	B 3	B 4	B 5
Grundgehalt	2958,94	3509,34	3671,58	3915,62	4195,6
Ortszuschlag Tarifklasse	Ib	Ib	Ia	Ia	Ia

[1] NRW MinBl 1972, S. 173, BGBl. I 1972, S. 2004.

Dienstaltersstufe								Dienst-alters-zulage
8	9	10	11	12	13	14	15	
629,86	651,44							21,58
668,37	689,95	711,53						21,58
726,02	748,82	771,62						22,80
778,99	805,35	831,71						26,36
831,72	861,76	891,80						30,04
886,05	917,20	948,35	979,50					31,15
953,61	984,76	1015,91	1047,06	1078,21	1109,36			31,15
1047,21	1085,59	1123,97	1162,35	1200,73	1239,11			38,38
1170,93	1210,54	1250,15	1289,76	1329,37	1368,98			39,61
1341,74	1390,92	1440,10	1489,28	1538,46	1587,64			49,18
1514,81	1565,21	1615,61	1666,01	1716,41	1766,81	1817,21		50,40
1686,25	1746,34	1806,43	1866,52	1926,61	1986,70	2046,79		60,09
1788,32	1850,63	1912,94	1975,25	2037,56	2099,87	2162,18		62,31
1888,25	1953,12	2017,99	2082,86	2147,73	2212,60	2277,47		64,87
1984,09	2057,30	2130,51	2203,72	2276,93	2350,14	2423,35		73,21
2064,85	2148,97	2233,09	2317,21	2401,33	2485,45	2569,57		84,12
2311,72	2404,18	2496,64	2589,10	2681,56	2774,02	2866,48	2958,94	92,46
2598,58	2705,51	2812,44	2919,37	3026,30	3133,23	3240,16	3347,09	106,93

B 6	B 7	B 8	B 9	B 10	B 11
4459,99	4717,16	4985,24	5318,08	6351,65	6934,54
Ia	Ia	Ia	Ia	Ia	Ia

III. Besoldungsordnung H (Hochschullehrer)

Besol-dungs-gruppe	Orts-zuschlag Tarifklasse	Dienstaltersstufe						
		1	2	3	4	5	6	7
H 1	Ib	1434,16	1499,03	1563,90	1628,77	1693,64	1758,51	1823,3
H 2		1476,01	1560,13	1644,25	1728,37	1812,49	1896,61	1980,7
H 3		1664,50	1756,96	1849,42	1941,88	2034,34	2126,80	2219,2
H 4		1850,07	1957,00	2063,93	2170,86	2277,79	2384,72	2491,6
H 5	Ia	2347,05	2463,55	2580,05	2696,55	2813,05	2929,55	3046,0

Dienstaltersstufe								Dienst alters-zulage
8	9	10	11	12	13	14	15	
1888,25	1953,12	2017,99	2082,86	2147,73	2212,60	2277,47		64,87
2064,85	2148,97	2233,09	2317,21	2401,33	2485,45	2569,57		84,12
2311,72	2404,18	2496,64	2589,10	2681,56	2774,02	2866,48	2958,94	92,46
2598,58	2705,51	2812,44	2919,37	3026,30	3133,23	3240,16	3347,09	106,93
3162,55	3279,05	3395,55	3512,05	3628,55	3745,05	3861,55	3978,05	116,50

In den Vorbemerkungen zur Besoldungsordnung H werden ersetzt:

a) der bisherige Höchstbetrag für Sondergrundgehälter in der BesGr. H 5 durch 4343,49 DM,

b) der bisherige Höchstbetrag für Zuschüsse zur Ergänzung des Grundgehalts durch 1003,53 DM.

Anhang IV

Übersicht über die Sätze des Ortszuschlages[1]

Tarif-klasse	Zu der Tarifklasse gehörende Besoldungsgruppen	Orts-klasse	Stufe 1	Stufe 2	Stufe 3 (bei einem kinderzuschlags-berechtigen Kind)
			Monatsbeträge in DM		
Ia	H 5,	S	418,—	503,—	547,50
	B 3 bis B 11	A	394,50	477,—	521,50
Ib	H 1 bis H 4,	S	347,—	431,50	476,—
	B 1 und B 2,	A	329,—	408,—	452,50
	A 13, A 13a,				
	A 14 bis A 16				
Ic	A 9 bis A 12 und	S	304,50	377,50	422,—
	A 12a	A	297,—	367,—	411,50
II	A 1 bis A 8	S	281,50	355,50	400,—
		A	274,50	344,50	389,—

Bei mehr als einem kinderzuschlagsberechtigten Kind erhöht sich der Ortszuschlag für jedes weitere zu berücksichtigende Kind, und zwar

für das zweite bis zum fünften Kind um je 52,— DM,
für das sechste und die weiteren Kinder um je 64,50 DM.

Unterhaltszuschüsse für Beamte auf Widerruf im Vorbereitungsdienst und Unterhaltsbeihilfen für Verwaltungslehrlinge und Verwaltungspraktikanten[2]

I. Unterhaltszuschüsse

1. Grundbetrag (§§ 7, 11 Nr. 1 UZV)
für Anwärter der Laufbahngruppe

des einfachen Dienstes	402,— DM
des mittleren Dienstes	509,— DM
des gehobenen Dienstes	624,— DM
des höheren Dienstes (Referendare)	903,— DM

für Anwärter für das Lehramt an

der Grundschule und Hauptschule	834,— DM
der Realschule und an Sonderschulen	869,— DM

[1] MinBl. NRW 1972, S. 178; BGBl. I 1972, S. 2005.
[2] MinBl. NRW 1972, S. 172.

2. Verheiratetenzuschlag

a) § 8 Abs. 2 Satz 1 UZV	44,50 DM
b) § 8 Abs. 3, § 11 Nr. 2 UZV:	
für Anwärter der Laufbahngruppe	
des einfachen Dienstes	146,— DM
des mittleren Dienstes	168,— DM
des gehobenen Dienstes	196,— DM
des höheren Dienstes (Referendare)	223,— DM
für Anwärter für das Lehramt an der Grundschule und Hauptschule	216,— DM

3. Alterszuschlag (§§ 9, 11 Nr. 3 UZV)

für Anwärter der Laufbahngruppe	Nach Vollendung des 26. Lebensjahres DM	32. DM	38. DM
des einfachen Dienstes	59,—	116,—	171,—
des mittleren Dienstes	80,—	151,—	226,—
des gehobenen Dienstes	93,—	185,—	276,—
des höheren Dienstes	114,—	222,—	330,—
für Anwärter für das Lehramt an			
der Grundschule und Hauptschule	109,—	213,—	317,—
der Realschule und an Sonderschulen	111,—	217,—	323,—

4. Sonderzuschlag (§ 10 UZV)
   a) § 10 Abs. 1 Satz 1 UZV: 95,— DM
      § 10 Abs. 2 Satz 1 UZV: 92,— DM
   b) Bei der Berechnung der Sonderzuschläge nach § 10 Abs. 1 Satz 2 und Absatz 2 Satz 2 UZV ist von den in den Übersichten 1 und 2 aufgeführten Anfangsgrundgehältern und Ortszuschlägen auszugehen.

II. Unterhaltsbeihilfen

1. Verwaltungslehrlinge 280.— DM mtl.
2. Verwaltungspraktikanten 344.— DM mtl.

Anhang V

Besoldungsgruppen für juristische Berufe (Richter, Staatsanwälte, Beamte und Hochschullehrer) nach den Besoldungsordnungen A, B und H zum Bundesbesoldungsgesetz[1] und den Besoldungsgesetzen der Länder (Auswahl)[2]

Die folgende Übersicht über die Amtsbezeichnungen und Besoldungsgruppen der in den öffentlichen Dienst des Bundes, der Länder oder der kommunalen Körperschaften berufenen Juristen soll noch einmal die Vielfalt juristischer Berufsmöglichkeiten im öffentlichen Dienst zusammenfassend darstellen.

Die Amtsbezeichnungen der Richter sind durch das „Gesetz zur Änderung der Bezeichnungen der Richter und ehrenamtlichen Richter und der Präsidialverfassung der Gerichte" vom 26. 5. 1972 (BGBl. 1972, I, S. 841 ff.) geändert worden. Der Gesetzgeber wollte die besondere Stellung der dritten Gewalt auch dadurch betonen, daß er die Amtsbezeichnung der Richter klarer von denen der Beamten, als den Vertretern der exekutiven (administrativen) Gewalt abgesetzt hat.

Anstelle des „Amtsgerichtsrats" heißt es beispielsweise in Zukunft „Richter am Amtsgericht", anstelle von „Landgerichtsdirektor" „Vorsitzender Richter am Landgericht" und anstelle von „Oberlandesgerichtspräsident" „Präsident des Oberlandesgerichts". Die Amtsbezeichnungen sind dadurch allerdings nicht einfacher geworden; sie sind aber im Verhältnis zu den noch umfangreicheren Amtsbezeichnungen in dem nunmehr durch Bundesrecht „gebrochenen" hessischen „Gesetz über die Amtsbezüge der Richter und Staatsanwälte"[3] vom 4. 3. 1970 konzentrierter. Dort hieß zum Beispiel der bisherige Oberlandesgerichtspräsident „Richter als Präsident des Oberlandesgerichtes".

Um den Übergang von den traditionsreichen alten zu den neuen Amtsbezeichnungen der Richter zu vereinfachen, sind in der anschließenden Übersicht noch die alten und in Klammern Beispiele der neuen Amtsbezeichnungen genannt.

Besoldungsgruppe A 13/14

Akademischer Rat/Oberrat
Amtsgerichtsrat (soweit nicht A 14 und 15)[4] (Richter am Amtsgericht)

[1] Bundesbesoldungsgesetz in der Neufassung v. 5. 8. 1971 (BGBl. I, 1281 ff.).
[2] Z.B. Neufassung des Besoldungsgesetzes des Landes Nordrhein-Westfalen v. 7. 8. 1969 (GVBl. 1969, 608 ff.) und 7. Gesetz zur Änderung des Besoldungsgesetzes des Landes Nordrhein-Westfalen v. 16. 6. 1970 (GVBl. 1970, 442 ff.); Neufassung des Besoldungsgesetzes des Landes Hessen v. 9. 11. 1970 (GVBl. I, S. 715 ff.).
[3] GVBl. I, 201 ff.

Arbeitsgerichtsrat (soweit nicht in A 14 und 15)[4] (Richter am Arbeitsgericht)
Archivrat/Oberarchivrat
Bibliotheksrat/Bibliotheksoberrat
Bundesbahnrat/Bundesbahnoberrat
Bundesbankrat/Bundesbankoberrat
Finanzgerichtsrat (soweit nicht in A 14 und 15)[4] (Richter am Finanzgericht)
Konsul/Konsul 1. Klasse
Kriminalbezirkskommissar[5]
Kriminalrat/Kriminaloberrat
Landgerichtsrat (soweit nicht in A 14 und 15[4] (Richter am Landgericht)
Legationsrat/Legationsrat erster Klasse
Major (rechtskundiger)/Oberstleutnant (soweit nicht in A 15)
Magistratsrat/Obermagistratsrat
Oberamtsanwalt[5]
Oberamtsrat[5]
Obersteuerrat[5]
Polizeibezirkskommissar[5]
Polizeirat/Polizeioberrat
Postrat/Oberpostrat
Rechtsrat/Oberrechtsrat
Regierungskriminalrat/Oberregierungskriminalrat
Regierungsrat/Oberregierungsrat
Sozialgerichtsrat (soweit nicht in A 14 und A 15)[4] (Richter am Sozialgericht)
Staatsanwalt (soweit nicht in A 14 und A 15)[4]
Studienrat/Oberstudienrat
Verwaltungsgerichtsrat (soweit nicht in A 14 und A 15)[4] (Richter am Verwaltungsgericht)
Verwaltungsrat/Verwaltungsoberrat/Oberverwaltungsrat
Verwaltungsstudienrat/Verwaltungsoberstudienrat
Wissenschaftlicher Assistent (soweit nicht in H 1, nur A 13)
Wissenschaftlicher Rat/Wissenschaftlicher Oberrat

Besoldungsgruppe A 14a

Erster Staatsanwalt (soweit nicht in A 15)
Oberamtsrichter (soweit nicht in A 15)
Oberarbeitsgerichtsrat (soweit nicht in A 15)
Obersozialgerichtsrat (soweit nicht in A 15)

[4] Richter und Staatsanwälte erhalten bis zur 7. Dienstaltersstufe die Besoldungsgruppe A 13, dann die Besoldungsgruppe A 15 und von der 13. Dienstaltersstufe an die Besoldungsgruppe A 15.

[5] Zum Vergleich Endstufe des gehobenen Dienstes, der von den Besoldungsgruppen A 9 bis A 13 (Endstufe) geht.

Besoldungsgruppe A 15

Amtsgerichtsdirektor (soweit nicht in A 16)[6] (Richter als aufsichtsführender Richter eines Amtsgerichts)
Amtsgerichtsrat (soweit nicht in A 13 und 14)
Arbeitsgerichtsdirektor (soweit nicht in A 16)[6] (Richter als aufsichtsführender Richter eines Arbeitsgerichts)
Arbeitsgerichtsrat (soweit nicht in A 13 und A 14)
Archivdirektor
Bibliotheksdirektor
Botschaftsrat
Bundesbahndirektor
Bundesbankdirektor (soweit nicht in A 16, B 3, 5, 6 und 9)[7]
Direktor einer Höheren Fachschule
Erster Staatsanwalt (soweit nicht in A 14a)
Finanzgerichtsrat (soweit nicht in A 13 und 14)
Generalkonsul (soweit nicht in A 16, B 3 und 6)[8]
Hauptgeschäftsführer einer Handwerkskammer (soweit nicht in A 16 und B 3)[9]
Kriminaldirektor
Landgerichtsdirektor (soweit nicht in A 16)[6] (Richter an einem Landgericht als ständiger Vorsitzender einer Kammer)
Landgerichtsrat (soweit nicht in A 13 und 14)
Landessozialgerichtsrat (soweit nicht in A 16)[6]
Magistratsdirektor
Oberpostdirektor
Oberlandesgerichtsrat (soweit nicht in A 16)[6] (Richter an dem Oberlandesgericht)
Oberstaatsanwalt (soweit nicht in A 16 und B 3)[10]
Oberstleutnant (soweit nicht in A 14)
Oberverwaltungsgerichtsrat (soweit nicht in A 16)[6]
Polizeidirektor
Polizeivizepräsident (soweit nicht in B 2)[11]
Regierungsdirektor
Rechtsdirektor

[6] Arbeitsgerichts-, Amtsgerichts-, Sozialgerichts- und Verwaltungsdirektoren, Landessozialgerichts-, Oberlandesgerichts- und Oberverwaltungsgerichtsräte sowie Senaträte beim Bundespatentgericht erhalten von der 12. Dienstaltersstufe an die Besoldungsgruppe A 16.

[7] Die Bundesbankdirektoren sind entsprechend ihren unterschiedlichen Funktionen in verschiedene Besoldungsgruppen eingestuft.

[8] Generalkonsuln erhalten je nach Größe und Bedeutung der Generalkonsulate die Besoldungsgruppen A 16, B 3 und 6.

[9] Hauptgeschäftsführer von Handwerkskammern erhalten je nach Größe des Bezirks der Kammern die Besoldungsgruppen A 15, 16 und B 3.

[10] Oberstaatsanwälte erhalten je nach Funktion die Besoldungsgruppen A 15, 16 und B 3.

[11] Polizeivizepräsidenten erhalten in Städten von 200000 bis 500000 Einwohnern die Besoldungsgruppe A 15, in größeren Städten die Besoldungsgruppe B 2.

Regierungskriminaldirektor
Senatsrat beim Bundespatentgericht (soweit nicht in A 16)[6]
Sozialgerichtsdirektor (soweit nicht in A 16)[6] (Richter als aufsichtsführender Richter eines Sozialgerichts)
Sozialgerichtsrat (soweit nicht in A 13 und 14)
Studiendirektor
Verwaltungsgerichtsdirektor (soweit nicht in A 16)[6] (Vorsitzender Richter am Verwaltungsgericht)
Verwaltungsgerichtsrat (soweit nicht in A 13 und 14
Verwaltungsdirektor
Verwaltungsstudiendirektor
Vortragender Legationsrat
Wissenschaftlicher Direktor

Besoldungsgruppe A 16

Abteilungspräsident (soweit nicht in B 2)
Amtsgerichtsdirektor (soweit nicht in A 15)
Arbeitsgerichtsdirektor (soweit nicht in A 15)
Botschafter (soweit nicht in B 3, 6 und 9)[12]
Botschaftsrat 1. Klasse
Bundesbankdirektor (soweit nicht in A 15, B 3, 5, 6 und 9)
Direktor des Geheimen Staatsarchivs in Berlin
Direktor der Schutzpolizei
Finanzgerichtsdirektor (soweit nicht in A 15)
Generalkonsul (soweit nicht in A 15, B 3 und 6)
Gesandter (soweit nicht in B 3 und 6)[13]
Geschäftsführer einer Industrie- und Handelskammer
Geschäftsführer bei einer Handwerkskammer
Hauptgeschäftsführer einer Handwerkskammer (soweit nicht in B 3)
Landgerichtsdirektor (soweit nicht in A 15)
Leitender Archivdirektor
Leitender Bundesbahndirektor
Leitender Regierungsdirektor
Leitender Regierungskriminaldirektor (soweit nicht in B 2)
Leitender Verwaltungsdirektor
Ministerialrat (soweit nicht in B 3)[14]
Obermagistratsdirektor
Oberregierungsdirektor[15]
Oberst (soweit nicht in B 3)[14]

[12] Botschafter erhalten je nach Größe und Bedeutung ihrer Botschaft die Besoldungsgruppen B 3, 6 oder 9.

[13] Gesandte erhalten als Vertreter von Botschaftern je nach Größe und Bedeutung ihrer Botschaften die Besoldungsgruppen A 16, B 3 oder 6.

[14] Ministerialräte, Vortragende Legationsräte 1. Klasse und Oberste erhalten zunächst die Besoldungsgruppe A 16 und können später in die Besoldungsgruppe B 3 befördert werden (nur im Ministerialdienst).

[15] Diese Dienstbezeichnung wird im Lande Bayern verwandt.

Oberstaatsanwalt (soweit nicht in A 15 und B 3)
Oberstudiendirektor
Oberverwaltungsdirektor
Polizeidirektor (soweit nicht in A 15)
Regierungsdirektor (soweit nicht in A 15)[16]
Senatspräsidenten beim Finanzgericht (soweit nicht in B 3)
Senatsrat (soweit nicht in B 3)[17]
Senatsrat beim Bundespatentgericht (soweit nicht in A 15)
Verwaltungsgerichtsdirektor (soweit nicht in A 15)
Vortragender Legationsrat 1. Klasse (soweit nicht in B 3)[14]

Besoldungsgruppe B 1

Direktor und Professor (soweit nicht in B 2)
Professor

Besoldungsgruppe B 2

Abteilungspräsident (soweit nicht in A 16)
Amtsgerichtsdirektor[18]
Direktor und Professor (soweit nicht in B 1)
Direktor bei der Staatsbibliothek in Berlin
Kanzler einer wissenschaftlichen Hochschule (soweit nicht in H 4)
Leitender Kriminaldirektor (soweit nicht in A 16)
Landesarbeitsgerichtsdirektor (Vorsitzender Richter am Landesarbeitsgericht)
Landgerichtsdirektor[19]
Landgerichtspräsident (soweit nicht nach B 6) (Präsident des Landgerichts)
Leitender Oberstaatsanwalt (soweit nicht in B 3)
Oberstaatsanwalt beim Bundesgerichtshof oder bei einer Generalstaatsanwaltschaft
Polizeipräsident[20]
Polizeivizepräsident[21]
Vizepräsident einer Bundesbahndirektion
Vizepräsident einer Oberpostdirektion
Vizepräsident eines Landesarbeitsamtes

[16] Im Lande Hessen ist die Bezeichnung Leitender Regierungsdirektor abgeschafft worden, Regierungsdirektoren erhalten hier zunächst die Besoldungsgruppe A 15 und können später in die Besoldungsgruppe A 16 befördert werden.

[17] Bei den obersten Landesbehörden im Lande Berlin werden anstelle von Ministerialräten Senatsräte beschäftigt.

[18] Eines Amtsgerichts in einem Bezirk mit 175000 bis 400000 Einwohnern.

[19] Als ständiger Vertreter eines in die Besoldungsgruppe B 6 eingestuften Landgerichtspräsidenten.

[20] Einer Stadt mit einer Einwohnerzahl von 100000 bis 500000 Einwohnern.

[21] Einer Stadt mit über 500000 Einwohnern.

Besoldungsgruppe B 3

Amtsgerichtspräsident[22]
Botschafter (soweit nicht in A 16, B 6 oder 9)
Bundesbankdirektor (soweit nicht in A 15, 16, B 5, 6 oder 9)
Direktor der Bereitschaftspolizei
Direktor der Bundesakademie für öffentliche Verwaltung
Direktor beim Bundesamt für Verfassungsschutz
Direktor beim Bundeskartellamt
Direktor im Bundesnachrichtendienst
Direktor eines Landesamtes für Verfassungsschutz
Direktor eines Landeskriminalamtes
Direktor bei der Stiftung preußischer Kulturbesitz in Berlin
Direktor und Professor (soweit nicht in B 1 oder B 2)
Finanzgerichtspräsident (Präsident eines Finanzgerichts)
Finanzpräsident (soweit nicht in A 16 oder B 4)
Generaldirektor der Deutschen Bibliothek in Frankfurt am Main
Generalkonsul (soweit nicht in A 16 oder B 6)
Gesandter (soweit nicht in A 16 und B 6)
Hauptgeschäftsführer einer Handwerkskammer (soweit nicht in A 16)
Kanzler einer Universität oder technischen Hoschschule (soweit nicht in B 4)
Landesarbeitsgerichtsdirektor
Landgerichtspräsident (soweit nicht in A 16, B 4 oder 6)
Leitender Ministerialrat (soweit nicht in B 4)
Leitender Oberstaatsanwalt (soweit nicht in B 2)
Ministerialrat (soweit nicht in A 16)
Obermagistratsdirektor
Oberst (soweit nicht in A 16)
Oberstaatsanwalt (soweit nicht in A 15 oder A 16)
Präsident des Bundesarchivs
Präsident des Bundesdisziplinargerichts
Präsident des Justizvollzugsamtes[23]
Präsident eines Sozialgerichts
Präsident eines Verwaltungsgerichts
Regierungsvizepräsident (soweit nicht in B 4)
Senatspräsident beim Bundespatentgericht
Senatspräsident bei einem Finanzgericht
Senatspräsident bei einem Oberlandesgericht
Senatspräsident bei einem Landessozialgericht
Senatspräsident bei einem Oberverwaltungsgericht
Verwaltungsgerichtspräsident (Präsident eines Verwaltungsgerichts)
Vizepräsident des Bundeskriminalamtes
Vizepräsident einer Bundesbahndirektion
Vizepräsident eines Landesarbeitsgerichts (Richter als Vizepräsident des Landesarbeitsgerichts)

[22] In einem Bezirk mit 450000 bis 750000 Einwohnern.
[23] In Nordrhein-Westfalen.

Vizepräsident beim Landessozialgericht
Vizepräsident einer Oberpostdirektion
Vizepräsident einer Wehrbereichsverwaltung
Vortragender Legationsrat 1. Klasse (soweit nicht in A 16)

Besoldungsgruppe B 4

Amtsgerichtspräsident (soweit nicht in B 3) (Präsident des Amtsgerichts)
Direktor der Bundeszentrale für politische Bildung
Finanzpräsident (soweit nicht in A 16 oder B3)
Kanzler einer Universität oder technischen Hochschule (soweit nicht B 3)
Landgerichtspräsident (soweit nicht in B 2, 3 oder 5)
Landeskriminaldirektor
Leitender Ministerialrat (soweit nicht in B 3)
Polizeipräsident
Universitätskurator
Vizepräsident des Bundeskartellamtes
Vizepräsident des Bundespatentgerichts
Vizepräsident des Deutschen Patentamts
Vizepräsident eines Finanzgerichts
Vizepräsident eines Landesarbeitsgerichts
Vizepräsident eines Landessozialgerichts
Vizepräsident eines Oberlandesgerichts
Vizepräsident eines Oberverwaltungsgerichts oder Verwaltungsgerichtshofs

Besoldungsgruppe B 5

Bundesbankdirektor (soweit nicht in A 15, 16, B 3, 6 oder 9)
Direktor beim Bundesverfassungsgericht
Direktor beim Landesrechnungshof
Generaldirektor der Staatsbibliothek in Berlin
Landgerichtspräsident (soweit nicht in B 2, 3 oder 4)
Polizeipräsident
Präsident der Akademie für zivile Verteidigung
Präsident einer Bundesbahndirektion (soweit nicht in B 6 oder 7)
Präsident eines Landesarbeitsamts (soweit nicht in B 6 oder 7)
Präsident einer Oberpostdirektion (soweit nicht in B 3, 6 oder 7)
Regierungsvizepräsident (soweit nicht in B 3)
Vizepräsident beim Oberlandesgericht[24]
Vizepräsident beim Oberverwaltungsgericht[24]

[24] In Nordrhein-Westfalen.

Besoldungsgruppe B 6

Botschafter (soweit nicht in A 16, B 3, 6 oder 9)
Brigadegeneral
Bundesanwalt beim Bundesgerichtshof und beim Bundesverwaltungsgericht
Bundesbankdirektor (soweit nicht in A 15, 16, B 3, 5 oder 9)
Bundesdisziplinaranwalt
Bundesrichter
Direktor beim Bundesrechnungshof
Erster Direktor im Bundesnachrichtendienst
Finanzgerichtspräsident
Generalkonsul (soweit nicht in A 15, 16 oder B 3)
Generalstaatsanwalt beim Oberlandesgericht
Gesandter (soweit nicht in A 16 oder B 3)
Landgerichtspräsident (soweit nicht in B 2, 3 oder 4)
Ministerialdirigent[25]
Präsident des Bundesverwaltungsamts
Präsident einer Bundesbahndirektion (soweit nicht in B 5 oder 7)
Präsident eines Landesarbeitsamtes (soweit nicht in B 5 oder 7)
Präsident eines Landesarbeitsgerichts
Präsident eines Landessozialgerichts
Präsident einer Oberpostdirektion
Vizepräsident des Bundesamtes für Verfassungsschutz
Vizepräsident des Bundesnachrichtendienstes

Besoldungsgruppe B 7

Generalmajor
Ministerialdirigent[26]
Oberfinanzpräsident
Präsident der Bundesakademie für öffentliche Verwaltung
Präsident des Bundeskriminalamtes
Präsident einer Bundesbahndirektion (soweit nicht in B 5 oder 6)
Präsident eines Landesarbeitsamtes (soweit nicht in B 5 oder 6)
Präsident eines Landesarbeitsgerichtes
Präsident eines Landesprüfungsamtes
Präsident einer Oberpostdirektion (soweit nicht in B 3, 5 oder 6)
Präsident eines Oberverwaltungsgerichtes oder Verwaltungsgerichtshofes
Regierungspräsident
Staatsrat
Universitätspräsident
Vizepräsident eines Landesrechnungshofes

[25] Beim Bund und den meisten Bundesländern sind die Ministerialdirigenten in die Besoldungsgruppe B 6, in Nordrhein-Westfalen in B 7 eingestuft.
[26] In Nordrhein-Westfalen.

Besoldungsgruppe B 8

Oberbundesanwalt beim Bundesverwaltungsgericht
Oberlandesgerichtspräsident
Präsident des Bundeskartellamtes
Präsident des Bundespatentgerichts
Präsident des Deutschen Patentamts
Präsident des Landessozialgerichts
Präsident der Stiftung Preußischer Kulturbesitz in Berlin (Kurator)
Regierungspräsident
Senatspräsident bei den oberen Gerichten des Bundes
Vizepräsident bei den oberen Gerichten des Bundes
Vizepräsident der Bundesanstalt für Arbeit

Besoldungsgruppe B 9

Botschafter (soweit nicht in A 16, B 3 oder 6)
Bundesbankdirektor (soweit nicht in A 15, 16, B 3, 5 oder 6)
Generalbundesanwalt beim Bundesgerichtshof
Generalleutnant
Ministerialdirektor
Oberlandesgerichtspräsident
Präsident des Bundesamtes für Verfassungsschutz
Präsident des Bundesnachrichtendienstes
Präsident eines Landesrechnungshofes
Vizepräsident des Bundesrechnungshofes

Besoldungsgruppe B 10

Direktor beim Deutschen Bundestag
Direktor des Bundesrats
General
Präsident eines oberen Bundesgerichts
Präsident eines Landesrechnungshofes
Präsident eines Oberverwaltungsgerichts oder Verfassungsgerichtshofes
Präsident der Bundesanstalt für Arbeit
Staatssekretär[27]

Besoldungsgruppe B 11

Erster Präsident der Deutschen Bundesbahn
Präsident der Deutschen Bundesbahn
Präsident des Bundesrechnungshofes
Staatssekretär[27]

[27] Staatssekretäre erhalten im Landesdienst die Besoldungsgruppe B 10, im Bundesdienst B 11.

Besoldungsgruppe H 1

Dozent[28]
Lektor
Oberassistent[28]
Wissenschaftlicher Assistent (soweit nicht A 13)

Besoldungsgruppe H 2

Dozent[28]
Oberarzt
Oberassistent[28]
Oberingenieur
Wissenschaftlicher Rat und Professor
Wissenschaftlicher Abteilungsvorsteher und Professor

Besoldungsgruppe H 3

Akademischer Direktor
Außerordentlicher Professor
Professor (soweit nicht in H 4)
Wissenschaftlicher Abteilungsvorsteher und Professor
Wissenschaftlicher Rat und Professor als Abteilungsvorsteher[30]
Studienprofessor

Besoldungsgruppe H 4

Ordentlicher Professor
Professor (soweit nicht in H 3)

[28] Dozenten und Oberassistenten werden in den einzelnen Bundesländern unterschiedlich in die Besoldungsgruppen H 1 und 2 eingestuft.
[29] Beispielsweise in Nordrhein-Westfalen.
[30] Beispielsweise in Hessen.

Anhang VI
Rechtsanwälte und Nachwuchs

Anhang VI

Rechtsanwälte und Nachwuchs[1]

	1. 1. 1964		1. 1. 1965		1. 1. 1966		1. 1. 1967	
	RAe	Ref.	RAe	Ref.	RAe	Ref.	RAe	Ref.
BGH	23		23		22		21	
OLG-Bezirke:								
Bamberg	492	509	496	533	482	521	481	551
Berlin	1225	750	1239	751	1253	810	1265	836
Braunschweig	257	169	260	163	255	153	255	134
Bremen	295	183	305	175	315	158	308	152
Celle	1169	917	1179	909	1190	854	1207	715
Düsseldorf	1766	1005	1823	883	1842	745	1909	667
Frankfurt	1998	1087	2050	1208	2114	1149	2191	1149
Hamburg	1450	721	1463	742	1476	745	1502	739
Hamm	2395	1730	2420	1445	2460	1277	2502	1172
Karlsruhe	1039	995	1082	981	1089	1001	1141	912
Koblenz	403	351	415	246	425	317	422	279
Köln	1307	1111	1316	1145	1346	1109	1398	1046
München	2274	1491	2303	1696	2318	1810	2395	1962
Nürnberg	701	296	697	319	695	352	691	344
Oldenburg	468	293	473	270	492	234	497	208
Saarbrücken	127	228	142	224	156	217	175	178
Schleswig	643	663	652	664	680	554	692	517
Stuttgart	1168	862	1205	810	1237	713	1254	681
Zweibrücken	253	149	253	124	241	109	237	86
zusammen	19453	13510	19796	13288	20088	12828	20543	12328
Änderung zur jeweils vorhergehenden Spalte in der Zahl der RAe:			+343 =1,8%		+292 =1,5%		+455 =2,3%	
		Ref:		—222 =1,6%		—460 =3,5%		—500 =3,9%

Rechtsanwälte und Nachwuchs (Statistik) 1950–1957 AnwBl. 57, 66; 1958–1965 AnwBl. 65, 109. Im vorübergehenden Rückgang der Referendarzahlen seit dem 1. 1. 66 (1966: —500; 1967: —884) ebenso wie im verstärkten Zugang zur Anwaltschaft in den Jahren 1966 (+455), 1967 (+652) und 1968 (+911) wirkte sich die am 1. 10. 65 in Kraft getretene Kürzung des Vorbereitungsdienstes um ein Jahr aus. Die bei gekürztem Vorbereitungsdienst seitdem wieder steigende Zahl der Referendare wird voraussichtlich einen anhaltenden Zustrom zur Anwaltschaft zur Folge haben.

[1] AnwBl. 1970, 128; 1972, S. 120.

1. 1. 1968 RAe	Ref.	1. 1. 1969 RAe	Ref.	1. 1. 1970 RAe	Ref.	1. 1. 1971 RAe	Ref.	1. 1. 1972 RAe	Ref.
21		20		19		19		20	
470	519	483	497	507	484	513	493	532	500
1299	807	1347	768	1374	778	1394	794	1419	826
262	106	264	104	269	101	275	93	276	99
314	144	341	131	366	129	366	149	380	165
1243	632	1285	607	1322	551	1366	546	1390	545
1965	583	2059	573	2109	565	2134	618	2206	661
2302	1082	2437	1045	2551	1098	2661	1362	2774	1393
1554	775	1618	795	1687	836	1733	941	1763	994
2596	1005	2676	1064	2709	1139	2782	1277	2817	1345
1146	861	1201	892	1238	944	1315	978	1382	955
431	250	447	264	446	305	490	327	499	364
1458	993	1538	1039	1598	1082	1647	1218	1698	1333
2476	1820	2602	1780	2765	1700	2900	1730	3054	1728
703	357	712	366	739	374	750	385	752	424
505	182	512	174	514	148	517	149	535	141
192	168	207	121	211	134	218	132	229	199
706	443	735	443	759	520	764	571	778	687
1314	620	1374	543	1443	650	1488	728	1545	798
240	97	250	107	257	128	267	160	276	167
2197	11444	22108	11313	22883	11666	23599	12351	24325	13324
+654 =3,2%	−884 =7,1%	+911 =4,3%	−131 =1,1%	+775 =3,5%	+255 =2,3%	+716 =3,1%	+685 =5,8%	+726 =3,0%	+973 =7,9%

Anhang VII

Zusammenhang zwischen Abiturnoten, Prüfungsergebnis, Studiendauer

1	2	3	4	5	6
Abiturnotendurchschnitt	Kandidaten absolute Zahl	in % der Gesamtzahl	bestandene Prüfungen absolute Zahl	in % von Sp. 2	Prüfungsergebnis im Durchschnitt
1,00—1,32	1	0,1%	1	100,0%	5,00
1,33—1,65	4	0,3%	4	100,0%	2,50
1,66—1,99	11	0,9%	11	100,0%	3,66
2,00—2,32	39	3,2%	36	92,3%	3,58
2,33—2,65	63	5,2%	59	93,6%	3,47
2,66—2,99	127	10,5%	122	96,1%	4,09
3,00—3,32	199	16,5%	177	88,9%	4,18
3,33—3,65	215	17,8%	185	86,0%	4,21
3,66—3,99	260	21,6%	197	75,8%	4,33
4,00—4,32	231	19,2%	170	73,6%	4,51
4,33—5,00	57	4,7%	34	39,7%	4,38
Gesamt	1207	100,0%	996	82,5%	4,18
zuzügliches: ausl. Reifezeugnis,	9		8		
Begabtensonderprüfung	1				
Insgesamt	1217		1004		

[1] Zusammenholung der Justizprüfungsämter Düsseldorf, Hamm und Köln aus dem Jahre 1971, NRW, MBl. 1972, 5.

7	8	9	10	11	12	13	14
Prüfungsnote					nicht bestandene Prüfungen		Studiendauer (Semesterzahl) im Durchschnitt
aus-gez.	gut	voll-befr.	befr.	ausr.	absolute Zahl	in % von Sp. 2	
—	—	—	—	1	—	—	9,00
1	1	1	1	—	—	—	9,00
—	1	4	4	2	—	—	9,46
—	4	12	15	5	3	7,7%	8,69
1	6	25	18	9	4	6,4%	8,79
—	3	28	46	45	5	3,9%	9,38
—	2	37	65	73	22	11,1%	9,61
—	3	30	78	74	30	14,0%	9,53
—	1	24	81	91	63	24,2%	9,51
—	—	10	63	97	61	26,4%	9,77
—	1	4	10	19	23	40,3%	10,13
2	22	175	381	416	211	17,5%	9,53
					2		
					213		

Sachverzeichnis